CONSEIL A la France desolée.

AVQVEL EST MONstré la cause de la guerre presente, & le remede qui y pourroit estre mis: & principalement est auisé si on doit forcer les consciences.

*

L'an 1562.

LA MALADIE DE France.

V'NE fiole du couroux de Dieu ſoit maintenãt uerſée & eſpandue ſur ton chef, ô deſolée France, il eſt ſi manifeſte, & te touche de ſi pres, que pour te le faire croire, il n'eſt ia beſoing de tenir long propos. Car comme ainſi ſoit que Dieu ait accouſtumé de batre de guerre, de peſte, ou de famine, ou des deux, ou de tous trois enſemble, ceux contre leſquelz il ſe courrouce, tu uois & ſens qu'il te frappe pour le moins de l'un, aſcauoir de guerre (ie me tai des autres deux, qui ne ſont pas loing de tes eſpaules) uoire d'une guerre ſi horrible, & deteſtable, que ie ne ſcay ſi depuis que le monde eſt monde, combien qu'a peine ait il eſté iamais ſans guerre, il en y eut onques une pire. Car ce ne ſont pas eſtrangers qui te guerroyent, cõme bien autrefois à eſté faict, lors que par dehors eſtant affligée, pour le moins tu auois par dedés en l'amour & accord de tes enfens quelque ſoulas. ains ſont tes propres enfans qui te deſolent & affligent, & le font non pas en s'entrechamaillant dedẽs ton uentre, cõme ſe faiſoit en Rebecca: mais en ſe entremeurtriſſant & eſtranglãt ſans aucune miſericorde les uns les autres à belles eſpées toutes nues & piſtoletz & halebardes, dedens ton giron. Tu entens bien ô iadis floriſſante, & maintenant tẽpeſtée France, ce que ie dy. tu ſens bien les coups & playes que tu recois, ce pendant que tes enfans s'entretuent ſi cruellemẽt: tu uois bien que tes uilles & uillages, uoire tes chemins & champs, ſont couuers de corps mors, tes riuieres en rougiſſent, & l'air en eſt puant & infect. Brief en toy n'y a paix ne repos iour ne nuict, & n'y oit on que plaintes & helas de toutes pars, ſans y pouuoir trouuer lieu qui ſoit ſeur & ſans frayeur, & meurtre, crainte & eſpouentement. Voyla ton mal, ô France, uoyla la maladie qui ſans reſpic, ne relaſche iour & nuict te tourmente.

Chercher remede.

Maintenant faut regarder s'il y a au mõde conſeil & remede pour te guarir: à laquelle choſe de ma part i'ay maintefois penſe, pensé, & long temps esté en doubte si ie m'y deuoye employer: uoyant la difficulté qui à moy se presentoit, non pas quant à donner conseil bon & certain (car cela, Dieu mercy, si ie ne m'abuse bien lourdement, m'est asses facile) mais quant à le persuader à ceux, sans le consentement desquelz ie ne uoy pas commēt il se puisse executer. Et de fait ie me fusse pour le present deporté de ceste entreprise, n'eust esté la grandeur de ton mal, qui est si grād, & qui ua de iour en iour tellement en empirant, que mieux uaut à toutes auētures se hazarder, & pour le moins faire mon debuoir, que de te regarder perir si miserablement. Car qui sçait si le Seigneur par ce moyen te uoudroit secourir? ou si generalement cecy ne profite, il poura seruir à quelquun en particulier. Quant une maison brule, chacun y court; que si on ne la peut toute sauuer, pour le moins on en retire quelque piece, qui uaut mieux que rien. Ainsi en peut estre de cecy: si chacun ne s'amende, peut estre que quelquun s'amendera, & en cela ie n'auray pas du tout perdu ma peine. Quoy qu'il en soit, ie me ueux mettre en debuoir de te donner conſeil. Dieu face que ce ſoit à ſa louange, & à ton profit. car ie ſcay bien que s'il n'y met la main, c'eſt à moy & à tout homme peine perdue. Doncques pour te trouuer remede, il faut faire comme les bons medecins, qui pour guerir une maladie, cherchent touſiours la cauſe: puis y appliquẽt remedes contraires, ſuiuans la regle generale, qui eſt que les maladies ſe gueriſſent par leur contraire. Semblablement en cecy faut regarder qui eſt la cauſe de ta maladie: puis y appliquer remedes contraires. autrement tout ce qu'on y fera, ne seront que beaux emplaſtres, qui couuriſſans la playe par dehors, par dedens la nourriront pluſtoſt, quilz ne la guariront.

La cauſe de la maladie.

Ie trouue que la principale & efficiente cauſe de ta maladie, c'eſt à dire de la ſedidion & guerre qui te tourmente, eſt forcement de conſciences: & penſe que ſi tu y penſes bien, tu trouueras aſſeuremẽt qu'il eſt ainſi: Car pourtãt qu'on a long temps forcé & uoulu forcer les conſciences des Euangeliques, ilz firent premieremẽt l'entrepriſe d'Amboiſe, en laquelle ilz decouurirent leur uouloir & intencion, & par

cela

cela agacerent fort l'aduerſe partie, & ſe rendirẽt fort ſuſpects. Depuis ſont ſuruenues diuerſes entrefaictes, nommement l'edit de Ianuier, par lequel eſtoit arreſté par les eſtats que les Euãgeliques feroiẽt leurs preſches hors les uilles, & qu'on ne leur feroit nul deſplaiſir. Mais de ceſt edit ne ſe contenta ne l'une partie ne l'autre, & principalement les Catholiques, leſquelz firent tant au maſſacre de Vaſsy, & aultres, que ceſte ſoit ſedition, ſoit guerre mortelle, s'en eſt enſuiuie. I'entend bien qu'aucũs Euãgeliques uont diſant qu'ilz n'ont pas prins les armes pour la religiõ, mais pour faire maintenir ledit edit. Mais qu'on ſe couure tant qu'on uoudra: puis que l'edit meſme eſtoit faict à cauſe de la religion, & que la tuerie de Vaſſy (à cauſe de laquelle les Euangeliques ſe ſont leués) fut faite à cauſe de la religion, & que depuis s'en ſont enſuiuies prinſes & ſaccagemens d'egliſes, & abbattemẽs d'images, il uaut mieux ſans aucune couuerture confeſſer la uerité, c'eſt que combien qu'autres choſes s'y meſlẽt, neantmoins la principale cauſe de ceſte guerre eſt uouloir maintenir ſa religion. Et de faict ſi l'edit de Ianuier eust esté faict sur une matiere non concernante la religion, ie croy bien que les Euãgeliques (& euxmesmes ce croy ie, me le confesseront bien) n'eussent pas estè si prompts & diligens à faire une esmute si grande & dangereuse. Ie me tay que euxmesmes en leur associaciõ faite à Orleans donnét asses à entendre que ilz guerroyent pour la religion, ueu que des trois causes pour lesquelles ilz se disent prẽdre les armes, la premiere est l'hõneur de Dieu. Pourtant faut il conclurre que la cause de ceste guerre, est forcemẽt de consciences.

Faulx remedes.

Or le remede que tes enfans, ô France, cherchent, c'est premierement de se guerroyer, tuer, meutrir les uns les autres, & qui pis est, d'aller querir des nacions estrãges argent & gens, affin de mieux resister, ou pour mieux dire, affin de mieux se uanger de leurs freres. Secondement de forcer les consciences les uns des autres.

Voyla les remedes que tes enfans, ô poure Frãce, cherchẽt à ta maladie: lesquelz tant s'en faut que ce soyẽt urais remedes, que c'est iustement tout au contraire. car ce sont les droictz moyens de entieremẽt te gaster & destruire, tant corporellement que spirituellemnnt. Car quaut au premier, on scait bien que gens estrangers, qui en une telle sedition baillent secours à une part ou à lautre, ne sont communemẽt pat tant charitables, qu'ilz n'ayent si nõ du tot, pour le moins en partie eígard a leur profit, autãt ou plus qu'a celuy d'autruy. que si occasion se presente, il aduient bien souuant qu'ilz disent : ceste piece sera bonne pour nous. Que si auiourdhuy cela t'aduenoit, ô Frãce, (& de faict le mõde n'est pas si tresbõ, qu'on n'ait cause de s'en douter) te uoila la plus dechirée & demembrée qui fut oncques. Car comme ainsi soit que de diuerses pars diuers secours te uiennent, si d'auenture chascun uenoit à tirer à soy, ie te laisse penser en quel estat tu serois. Ce n'est pas des auiourdhuy que tels tours se iouent, & que secours estrãges en tels desaccors ont esté plus nuisans que profitables. Et de cela on en pourroit amener plusieurs exemples. mais pour le present ie me contenteray de deux, dont l'un sera estrãge, & l'autre de ches toy. L'strange est du different qui fut iadis en Iudée, entre deux freres, Hyrcan, & Ariſtobule, touchant le regne de Iudée, enuiron 70. ans deuant la naiſſance de noſtre ſauueur Ieſus Chriſt. En ce different Pompée Capitaine des Romains, qui pour lors eſtoit en ces contrées, eſtant par eux appellé en aide leur ſecourut tellement, qu'il aſſubiettit la Iudée aux Romains, & la fit tributaire: laquelle ſubiection & ſeruage à depuis duré iuſques auiourdhuy. Le ſecond exēple, qui eſt de ches toy, eſt de ceux d'Auuergnes & de ceux d'Autun, leſquelz au temps de Iule Cęſar eſtans les principaux des deux bandes eſquelles eſtoit diuiſée toute la Gaule, & ayans entre eux differēt leſquels ſeroint les maiſtres, les Auuergnats & les Bourguignons allerent demāder ſecours aux Alemans contre ceux de Autun, lequel ſecours les Alemans leur porterent de ſorte, qu'ilz aſſubietirent & traicterent miſerablemēt & les uns & les autres, iuſques a tant que Iule Cęſar les deliura uoirement tous deux de la ſubiectiō des Alemās, ayant uaincu Ariouiſt le Roy des Alemans, mais ce fut en telle ſorte, que finablement & eux & les autres Gaulois

lois furent faicts subiectz des Romains. Voila que fait bien souuent secours estrágé en dissension de ceux d'un pais. Ces exemples sont asses suffisans pour te faire craindre, ô France, le cas semblable. Que si on me replique qu'aussi se trouue il d'exemples contraires, par lesquels peut estre mõstré que tels secours estranges ont quelque fois profité, ie respond qu'il est bien uray: mais le mal aduient communement plustost que le bien, & le monde est bien auiourdhuy si corrompu, qu'on a maintenant plus d'occasion de craindre le mal, qu'on n'eust iamais. Mais posons le cas qu'il ny ait en c'est endroit danger aucun, & que ceux qu'on appelle en aide soyent si tresgens de bien & loyaux, que ilz n'ayent aucunemét esgard à leur profit ou interest, ie dy que cependant il s'epandra tant de sang (car certes sans sang telle guerre ne se peut faire) que la perte en sera irreparable. Voire que di-ie il s'epandra? ie dy qu'il s'en est desia tant epandu, (car on tient que en cest esté ont este mis à mort en France plus de cinquante mille personnes) que ie ne scay si iamais tant de bien pourra sourdre de ceste guerre (& en

soit

ſoit l'iſſue tant heureuſe que l'õ uoudra) qu'il en eſt ia uenu de mal. Tellemẽt que le remede humain que cerchẽt tes enfans à ta maladie, n'eſt non plus propre pour la guarir, que ſi pour guarir ung corps malade, on faiſoit en toutes ſortes tous efforts pour lui coupper tous les membres.

Quant puis au remede ſpirituel, qui eſt de forcer les conſciences les uns des autres, ie ne me puis aſſes esbahir (& faut icy que ie parle franchement) de la deraiſon & aueugliſſement tant des uns que des autres. Et afin de mieux me faire entendre, ie ueux un peu ouuertement parler aux deux parties. Il y a auiourdhuy en France deux ſortes de gens, qui pour la religion s'entrefont la guerre les uns aux autres. dont les premiers ſont par leurs aduerſaires appellés Papiſtes, & les autres Huguenaux, & eux s'appellẽt, les Huguenaux Euangeliques, & les Papiſtes catholiques. ie les appelleray comme eux meſmes s'appellẽt, affin de ne les offenſer.

Aux Catholiques.

Et premierement pour parler à uous, ô Catholiques, qui uous dites auoir l'anciẽne, uraye, & catholique foy, & religiõ, con-

considerés un peu de pres nostre affaire: il en est temps & plus que temps. Souuienne uous commét uous aués par cy deuãt traitté les Euangeliques. Vous sçaués bié que uous les aues poursuiuis, emprisonnés, crottonnés, faict manger aux poux & aux pusses, & pourrir en bourbier, en tenebres hideuses & ombre de mort, & finablement routis touts uifs à petit feu, afin de les faire languir plus long temps. Et pour quel crime? pource qu'ils ne uouloint pas croire au Pape, ou à la messe, ou au purgatoire, & telles autres choses, lesquelles tant s'en faut quelles soyent fondées en l'escriture, que mesme les noms ne s'y trouuent en lieu du mõde. Ne uoila pas une belle & iuste cause de brusler les gens touts uifs? uous uous appelles catholicques, & faictes profession de maintenir la foy catholicque contenue es sainctes escritures, & cependant tenés pour heretiques, & bruslés touts uifs, ceux qui ne ueulent croire que ce qui est contenu es escritures? Arrestés uous un peu icy, & pesés cecy a bon escient. C'est ung point qui uous est de grãde importence. Dictes moy, & respondés icy: car aussi faudra il

ribon

ribon ribaine que uous en respondiés un iour deuãt le iuste iuge duquel uous portés le nom .respondés, dy-ie à ung poinct qui sans nulle doubte uous sera demandé au iour du iugement. Voudries uous qu'on uous fist ainsi? uoudries uous que on uous persecutast, emprisonnast, crottonnast, fist manger aux poux & pusses, & pourrir en bourbier, en tenebres hideuses & ombre de mort, & finablement qu'on uous roustist touts uifs à petit feu, pour nauoir creu ou confessé quelque chose contre uostre conscience? Que respondés uous? mais qu'est il besoing de responce: on scait bien que uostre conscience dist que non, uoire si uiuement, que le plus hardi de uous ne l'oseroit nier. Or cõsiderés biẽ ce poinct. Si desia en ceste uie plaine d'ignorance & affections charnelles, qui biẽ souuẽt aueuglissent l'ẽtendement des hõmes, neantmoins ceste uerité a tant d'efficace, qu'elle uous contrainct, ueuillés ou non, de confesser que uous aués faict à autruy chose que uous ne uoudriés qui uous fust faite, que sera ce au iour du iugemẽt, là ou toutes choses serõt clairemẽt & uiuemẽt decouuertes & mises

mises au iour? Et ne ſcaués uous pas que les conſciences accuſeront ou excuſeront chacun au iour du iuſte iugement? Et ſcaues uous ſi le tort eſt petit que uous aués faict à uos freres. Il eſt bien ſi petit, qu'ilz ont mieux aimé endurer tous les maux que uoſtre cruauté (il faut qu'ainſi à la uerité ie la nomme) à ſceu inuenter, que de faire (comme uous le requeries) choſe contre leur conſcience. qui eſt ung ſigne que forcer la conſcience d'un homme, eſt pis que luy oſter cruellement la uie: puis q'un homme craignant Dieu ayme mieux ſe laiſſer oſter cruellement la uie, que de laiſſer forcer ſa conſcience. Et uenons à l'experience, & ie uous prendray uous meſmes à teſmoings. Il s'eſt trouué & ſe trouue aucuns des euangeliques qui uous ueulent contraindre a aller à leurs ſermons: ie uous demande comment uous plaiſt ceſte uiolence? Elle uous deplaiſt ſans nulle doubte, & dictes qu'on uous faict grand tort, & toutesfois à ouir un ſermõ uoſtre conſcience ne peut eſtre tant blecée, que celle d'un Euangelique a ouir meſſe. Aprenés de uos propres conſciences, à ne forcer celles d'au-

d'autruy,& si uous ne pouués endurer un moindre tort, n'en faites pas à autruy un plus grand, & cognoissés que le mal qui maintenant uous presse, est un iuste cour roux & iugement de Dieu sur uous, qui uous réd la pareille, & uous mesure de la mesme mesure de laquelle uous aués me-
Apoc.15. sure, selon que dit lescriture. Qui meine
Apoc.16. en captiuité, s'en ua en captiuité, qui de glaiue tue, de glaiue faut qu'il soit tué. Item: Tu es iuste, Seigneur, de ce que tu as ainsi uoulu faire: que puis qu'ils espandoint le sang des saincts & des Prophetes, tu leur as baillé à boire du sang, comme ilz en sont dignes. Car certes uous aués martirisé & meurtri maint sainct personnage, dont le Seigneur maintenant cõmence à uous en recõpenser, que si uous ne uous amendés, n'attendés pas qu'il retire sa main estendue pour fraper. Or comment est ce que uous uous amendés? c'est à faire pis que deuant, c'est ascauoir à persecuter les Euãgeliques plus que iamais. Est ce le moyen d'appaiser Dieu? n'est ce pas tout au rebours, le droit moyen de l'agacer d'auantage? Car s'il est couroucé cõtre uous pour uoz cruautés du tẽps passé,

(comme

(comme de uray il eſt; & uous eſtes bien aueugles, ſi uous ne le uoyés) n'attendés pas de l'appaiſer en perſeuerant en la meſme cruauté. Car uous faites tout ainſsi cõme ſi un homme auoit gaigné la goutte à trop boire, & que pour la guarir il pourſuiuiſt de boire de plus fort: ou ſi ung enfant eſtoit battu de ſon pere pour auoir battu ſon frere, & que pour appaiſer ſon pere il pourſuiuiſt de battre ſon frere de plus fort.

Aux Euangeliques.

Ie uiens maintenant à uous, Euangeliques. Vous aués autresfois paciemment ſouffert perſecution pour l'Euãgile: uous aués aymé uos ennemis, & rẽdũ biẽ pour mal, & benit ceux qui uous maudiſoint, ſans leur faire autre reſiſtẽce que de uous enfuir, s'il eſtoit beſoing: & tout cela faiſiés uous ſelon le commandement du Seigneur. D'ou uient maintenant ung ſi grãd changement en aucuns de uous? les innocens ne s'offenſeront point de mon dire: ie ne parle pas à tous, ie parle à ceux qui ſont telz, & leur dy ainſi: Le Seigneur à il changé de commandement, & aués uous nouuelle reuelaciõ que uous deuiés faire tout au contraire que paravant? uous auiés bié commencé en esprit, comment uenés uous a acheuer en chair? celuy qui autresfois uous auoit commandé d'endurer & rendre bien pour mal, & auquel pour lors en endurant & rendant bien pour mal uous obeissiés, uous a il maintenant commandé de rendre mal pour mal, & au lieu d'endurer persecution, la faire aux autres? ou si uous aués tourné le dos à son commandement, & uoulés desormais secourre son ioug de dessus uostre col, & uiure à uostre fantasie, en ensuyuant le monde, & uos cerueaux & ennemis? Car que peut on penser autre chose, quãd uous employés sac & bagues, uoire le bié des poures en halebardes & hacquebutes, & tués, & masacrés & mettés à la pointe de l'espée uoz ennemis, & remplissés, & souillés les chemins & rues, uoire les maisons & temples, du sang de ceux pour lesquels Christ est mort comme pour uous, & qui sont baptizés en son nom comme uous? Que diray plus, que uous les uenés contraindre à se trouuer en uos sermons, uoire qui pis est, aucũs à prendre les armes cõtre leurs propres freres & ceux de leur religion,

contre

contre leur conſcience? Et outreplus examinés les gens ſur uoſtre doctrine: & ne uous contentés pas qu'on accorde aux principaux poincts de la religiō, leſquels ſont clers & euidens en la saincte eſcriture: puis s'ils ſont en tous poincts d'acord auec uous uous leur baillés lettres, par leſquelles par tout ou ilz iront, ilz pourront eſtre cogneus d'ētre les infideles, & prouuer qu'ilz ſont fideles, c'eſt à dire chreſtiens. Voila les trois remedes dont uous uſés, aſcauoir eſpandre ſang, forcer conſciences, & condamner & tenir pour infideles qui ne ſera du tout d'accord auec uoſtre doctrine. Ie m'esbahi ou eſt uoſtre entendement: & ſi uous ne uoyés pas que uous enſuiués en ce trois poincts uos ennemis, & celuy que couſtumieremēt uous appelles Antechriſt. I'entens biē que c'eſt qu'aucuns de uous ont accouſtumé de reſpondre: c'eſt que uous aués droict, & eux tort: & que pour cela il uous eſt bien loiſible de les perſecuter & forcer, mais à eux n'eſt pas loiſible de uous le faire. qui eſt autant comme ſi uous diſiés qu'il uous eſt bien loiſible de rauir le bien dautruy: mais non aux autres de rauir le uoſtre.

Mais embelliſſés uoſtre cauſe deuant les hommes tant que uous uoudrés, & cherchés tant de belles diſtinctions que uous uoudrés, on ſcait bien, & i'en prens à teſmoings uos propres conſciences, que uous faites à autruy choſe que uous ne uoudriés qui uous fuſt faite. Car ſi uous eſtiés papiſtes, comme uous les appellés, & comme la plus part de uous l'ont autrefois eſté, uous ne uoudriés point que l'on uous fiſt comme uous leurs faites. Que ſi auiourdhuy eſtans encor en doute qui aura du meilleur, uoire eſtans encore perſecutés, uous uſés neantmoins de telle rigueur & uiolēce, il eſt à craindre que ſi uous uenés au deſſus de uos attentes, uous uſerés d'une tyrannie auſsi grande que uos ennemis ont uſé. Vous uſés puis du quatrieſme remede pour appaiſer l'ire de Dieu, aſcauoir de prieres & ieunes, lequel remede feroit bien bon & uray, ſi les maux que i'ay dit n'empeſchoint ſon operacion. Mais là ou il y a cruauté & deraiſon, ieunes & prieres ne ſont point aggreables à Dieu, ce que bien monſtre Salomon, quād il dit. Qui retire ſon oreille de
Prou.28. oir la loy, ſa priere meſme eſt abominable:

ble: & Esaie encore plus clairement, quād il dit que Dieu parle ainsi à son peuple, Qu'ai ie affaire de tant de uos sacrifices? dict le Seigneur. Ie suis soul des brulages de uos moutons, & de la graisse des bestes engraissées, & ne prens nul plaisir au sang des toreaux, des agneaux, & des boucs. Quand uous uenés comparoistre deuant moy, qui uous demande cela que uous treppiés mes paruis? Ne faites plus offrandes qui rien ne seruent: l'encensement m'est une chose uilaine: nouuelles lunes, sabbats, faire assemblées, uacatiōs, telles choses de neant ne puis-ie souffrir. Mon cœur hait uos nouuelles lunes & solennités: elles me poisent, ie suis las de les porter, & quād uous esleués les mains, ie uous cache mes yeux: & combien que uous faciés beaucoup de prieres, ie n'escoute point, puis que uous aués les mains plaines de sang: laués uous, nettoyés uous, ostés la mauuaistié de uostre nature de deuant mes yeux, cessés de mal faire: addonnés uous à raison: defendés ceux auxquels on fait tort: faites droict aux orfelins: menés la cause des uefues. Or sus amendōs nous, dict le Seigneur, si uos pe- Esa. 1.

 chés

chés estoint comme escarlate, ilz deuiendront blancs cōme nege: s'ils estoint aussi rouges que cramoisi, ils seront comme laine. Si uous uoulés obeir, uous mangerés les biens de la terre: mais si uous ne uoulés, & que soyés rebelles, uous passerés au fil de l'espée. car la bouche du Seigneur parle: Comment est deuenue si paillarde la uille loyalle, qu'au lieu qu'elle estoit pleine de droicture, & que iustice y estoit logée, maintenant il y a des meurtriers? Voyla la parolle du Seigneur, ô Euangeliques, par laquelle uous pouués bien entendre que si uous ne uous amendés, uous aués beau prier & ieusner: le Seigneur uous cache ses yeux. car de uray uous ne pouués nier que uous n'ayés les mains plaines de sang: laquelle chose est si tresuraye, qu'il y eust ung de uos prescheurs, lequel estant d'un esprit debōnaire & Chrestien, & uoyant ses auditeurs encore ensanglantés des meurtres commins tout de frais, uint à s'escrier: faut-il que ie presche icy entre des meurtriers? Et ung autre en ung autre lieu, esmeu d'une mesme cause, uint à dire: uous commbattés contre des idolatres,

latres, comme ennemis de Dieu, & pensés uous que Dieu qui hait les idolatres, ayme les meurtriers? Que si uous me dites que uray est que uous aués les mains pleines de sang: mais que uous l'aués espandu & espandés iustement & selon le uouloir de Dieu: ie uous respond que quand bien ainsi seroit (ce que toutesfois ie ne confesse pas) encore ne seriés uous que les bourreaux de Dieu, enuoyés pour destruire l'eglise du contrechrist (si toutesfois elle peut estre destruitte par armes corporelles) & non pour bastir celle de Christ. Car si ainsi est qu'a Dauid a cause du sang qu'il auoit espādu, & des guerres qu'il auoit faites, combien qu'il les eust faites par le uouloir de Dieu, ne fust pas permis de bastir le temple de Dieu, lequel tēple toutesfois estoit materiel: ie uous laisse pēser s'il uous sera permis ou enchargé de bastir a tout uos mains sanglātes le tēple spirituel. nāni pour certain, il faut que ce soit un Salomon: c'est à dire gens de paix, qui bastirōt le tēple du Seigneur. Parquoy c'est à fausses enseignes que uous uoulés estre tenus pour reformateurs de l'eglise, et appellés uos eglises

Eglises reformées, comme ainsi soit que selon uos œuures elles doibuent estre appellées eglises destruisantes. Et de faict ie ay ouy dire que uostre predecesseur Martin Luter une fois le confessa de soy, c'est que estant interrogé que uouloit dire que son peuple n'amandoit point sa uie, il respondit que Dieu l'auoit enuoyé pour destruire le pape, & nõ pour bastir l'Eglise & que puis aprés il en enuoyeroit quelq;' autre pour bastir. Mais Luter estoit bien plus raisonnable que uous, car au moins il combattoit de langue & de plume, sans mettre la main aux armes, & sans y pousser les autres, ains les en retirer, comme il appert par le liure qu'il a faict du magistrat, & de faict uous l'aués autrefois ensui uy, mais maintenant uous marchés bien plus oultre. Or cecy ay ie dict mettant le cas que ce qe uous faites, uous le faciés se lon le uouloir de Dieu: ce que toutesfois ie ne uous accorde pas: & affin que m'entendiés, ie m'en uay maintenant addresser mon propos à tous deux, puis que tous deux en cest endroit estes en ung mesme ranc.

Aux

CONSEIL

Aux Catholiques & aux Euangeliques, touchant de forcer les consciences les ungs des autres.

Quand Iesus Christ disputoit auec les Iuifs, combien qu'ilz fussent fort opiniastres, si est ce que quelque fois par une seule parolle de uerité euidente il les cōuainquoit tellement, qu'ilz demouroint tous muets, sans luy respondre ung seul mot, comme quand il leur disoit. Payés à Cesar ce qui est à Cesar: & à Dieu ce qui est à Dieu. Item, le plus innocent de uous iette la premiere pierre. A la mienne uolonté que le mōde ne fust auiourdhuy pas plus obstiné qu'estoint ceux là: ie suis bien asseuré que la cause que maintenant ie traite seroit uuidée en une seulle parolle de uerité euidente, & ne se trouueroit homme qui y osast tant peu que ce fust contredire. Car il ne faudroit que dire à ceux qui forcent les consciēces d'autruy, uoudriés uous qu'on forcast les uostres? & soudainement leur propre conscience, qui uaut plus que mille tesmoings, les cōuaincroit tellement, qu'ils demoureroint tous camus. Et urayement ie uous ueux prendre sur ce mot, & posés le cas que Iesus Christ

uous face une telle demande (car aussi est ce prou Iesu Christ, quand c'est la uerité) uoudriés uous qu'on forcast uos consciences? Respondés au nõ de Iesu Christ, respondés nous si uous uoudriés que l'õ forcast uos consciences. Ie suis bien asseuré que uos consciences respondent que non, & qu'ainsi soit, pourquoy est ce que parauãt uous uous plaignies des Catholiques, ô Euãgeliques, de ce qu'ilz forcoint les uostres? & uous Catholiques, pourquoy est ce que maintenant uous cõmencés à uous plaindre des Euãgeliques de ce qu'ilz commencent à forcer les uostres? uos plaintes ne uous condãnent elles pas, ueu qne uous faites le mesme que uous reprenés en autruy? Ne scaués uous
Rom.2. pas que Paul dit: Tu es inexcusable, ô hõme, quiconque tu sois qui iuges. Car en ce que tu iuges autruy, tu te condamnes toymesme. Tu enseignes autruy, & ne t'enseignes pas toymesme. Tu uas disant qu'õ ne doit pas desrober, & tu desrobes. Ie uous demande si on ne peut pas par la mesme raisõ ainsi dire: Tu uas disant qu'õ ne doit pas forcer les consciences, & tu forces celles d'auttuy? faites ce que uous uoudrés, & cherchés de toutes pars

en toute diligence, tels eſchapatoires que uous uoudrés, uos cõſciences ꝓpres uous accuſeront tous deux au iour du iugemẽt & porterés en uos propres cœurs uos teſmoings, leſquels uous ne pourrés ne meſpriſer ne reꝓcher, & uous en prẽdra cõme iadis aux Ephraimites, leſquels pource qu'ilz ne pouuoint ꝓnõcer ce mot Schibbolet, ains prononcoint Sibbolet, eſtoint mis à mort par les Galaadites, a cauſe que par celle prononciacion on cognoiſſoit qu'ilz eſtoint Ephrateés. Ainſi uous, pour ce que uous ne pourrés dire qu'ayés faict à autruy cõme uous uoudriés qu'õ uous fiſt, ſerés cõdamnés au iugemẽt du Dieu de uerité, ſi de bon heure uous ne uous amẽdés. Et ſi ne faut pas qu'icy uous uous excuſiés, diſans cõme faiſoit une fois un. Si i'eſtoy adultere, ie ne uoudroi pas qu'õ me puniſt: mais il ne ſenſuit pas pourtãt ſi ie ſuis iuge, que ie ne doibue punir un adultere. Car ie reſpondray ainſi. Si tu eſtois adultere, & qu'on t'en puniſt, tu confeſſerois qu'on ne te faict point de tort: & un brigand ou uoleur, quand on le punit, cõfeſſe qu'il l'a biẽ merité: ou ſi de bouche ill le nie, ſi eſt ce que ſa cõſciẽce, uueille il ou non, le cõfeſſe & le démẽt. En quoy ſe

mon

monstre bien l'inuincible force de uerité & droiture, qui ne peut estre abolie au cœur de l'homme, uoire quelque meschãt qu'il soit. Mais il n'est pas ainsi d'ung duquel on force la conscience, & lequel on persécute pour la foy. Car quand bien par contrainte on luy feroit de bouche confesser qu'on ne luy faict point de tort, si est ce que son cœur dira tousiours, uous me faites tort, & ne uoudriés pas que l'on uous fist ainsi. Et uoyla commẽt se doit a la uerité entendre ceste reigle: Ne fay à autruy, ce que tu ne uoudrois qu'on te fist: qui est une regle si uraye, si iuste, si naturelle, & tellement escrite par le doit de Dieu, au cœur de tous hommes, qu'il n'y a homme tant denaturé, n'y tant loing de toute discipline & enseignemẽt, que incontinant qu'elle luy est proposée, ne confesse qu'elle est droite & raisonnable, dont il est aisé à iuger que quãd la uerité nous iugera, elle nous iugera selon ceste reigle. Et de fait Christ, qui est la uerité, la conferme, quãd non seulement il nous defend de faire à autruy chose que nous ne uoudrions qu'on nous fist, mais qui plus est nous commande de faire à autruy tout ce

que

que nous uoulons que l'on nous face: & dit tout outre que de la mesme mesure que nous aurons mesuré a autruy, il nous sera remesuré. Icy pourroi ie bien mettre fin à mon propos, estāt la chose tant euidē te, & par le doigt de Dieu tellement escrite en la cōscience & au cœur de chascun, qu'il n'est possible qu'autre qu'opiniastre & insensé y contredise. Mais pource que le mesme uous a autrefois par les escripts de quelques uns esté remonstré, en passant, & toutesfois uous n'aués pas laissé de perseuerer, ie ueux maintenant essayer, lors que tous deux estes par la mesme cause uenus en grande angoisse, s'il seroit possible de uous retirer finablement de uostre opiniatrise, & uous faire un peu ouurir les yeux: On dit cōmunement, fol ne croit tant qu'il recoit. Et Esaie escrit qu'il n'y aura que le torment qui face entendre son propos. Pour le moins maintenant, quād uous estes si horriblement tourmentés, entendés, & n'ensuiués pas les iuifs zelateurs, qui furent au temps de Vespasian & Tite Empereurs de Rome, lesquels zelateurs furēt tant, ie ne diray pas zelateurs, mais opiniastres, qu'ils aimerēt mieux

mieux mourir, que de s'amender, & par ainsi causerent à la nacion Iudaique des maux extremes, qui durét encore auiourdhuy. On dit que mieux uaut tard que iamais. amendés uous pour le moins maintenant, si d'auenture le Dieu de misericorde uoudroit auoir pitié de uous. autremēt ie uous puis bien dire asseurement que uous n'aués a attēdre que maux sans nombre, & à la fin une effrayable punició de Dieu, qui rendra à chacun selon ses œuures. Doncques pour reuenir à mon propos, uoyant uostre endurcissement ie suis poussé à esplucher la matiere un petit de plus prés. Ie uous demande doncques, ce que uous forcés ainsi les consciences des gens, le faites uous par commandmēt de Dieu, ou à l'exemple de quelques saincts personnages, ou par bonne intencion, & cuider biē faire? Car hors cés trois points ie ne puis uoir cause pourquoy uous le faciés, sinon que ce fust par platte malice, ce que ie ne ueus croire.

Du commandement de Dieu.

Si uous dites que uous le faites par le commandement de Dieu, ie uous demāde ou c'est qu'il l'a commandé. car en toute la te la bible, ie n'en trouue pas un seul mot. uoire en la loy de Moyse, laquelle est autrement assés rigoureuse, ueu qu'elle uiẽt iusques à commãder en quelque endroit de meurtrir & massacrer hommes & bestes & uilles des idolatres, toutesfois il ne s'en trouue un seul mot qu'on doiue contraindre les consciences. Bien permet elle de receuoir des estrangers en la communauté d'Israel, si de leur bon gré ilz se ueulent circoncir: mais qu'on les dobiue contraindre de ce faire, ie n'en trouue rien en escript. Voire ceux mesmes qui ont escript liures qu'on doiue persecuter & faire mourir les heretiques, n'ont sceu alleguer aucun passage pour prouuer qu'on doiue forcer les cõsciences, & toutesfois ilz ont bien esté si diligẽs, que s'il s'en fust peu trouuer quelcun, ie croy bien qu'ilz ne l'eussent pas oublié. Et certes si Dieu auoit commande de forcer les consciences, il auroit esté contraire premierement à nature, de laquelle luymesme est le createur, laquelle comme cy dessus a esté dict, à tellement imprimé ceste regle au cœur de toutes naciõs, ascauoir: Ne fai à autruy chose que tu ne ueuilles que l'on te face,

qu'il

qu'il n'y a homme si denaturé, & tãt hors de toute doctrine, qui ne soit contrainct de confesser que c'est mal faict de faire cõtre ceste reigle. Secondement il seroit contraire à son propre commandement, ueu qu'il nous a commandé le mesme par Iesuchrist, uoire qui plus est, sainct Paul reprẽd
1. Cor. 8. bien rigoreusement, un qui par son exemple en mangeant chair, est cause qu'ũ autre en mange contre sa conscience, & uient a cõclurre ainsi. Quãd uous pechés ainsi contre les freres, & blecés leurs foibles consciences, uous pechés contre
Rom. 14. Christ. Item en un autre lieu. Ne gaste pas par ton manger celuy pour lequel Christ est mort. Que si il reprend si grieuement celuy qui par son exemple est seulement cause qu'un autre peche contre sa conscience, combien qu'il ne le contraigne pas autrement, uoire ne luy die pas qu'il le face, que diroit-il si auiourdhuy il uoyoit l'enorme uiolence que uous faites aux consciences, non par exemples, mais tant de paroles que de faict, en blasmant, condemnant, descriãt, bannissant, priuant de honneur, de biẽs, & bien souuẽt de corps, ceux qui ne peuuẽt croire ou faire en bõne con-

conſcience ce que uous croyés & faites? Car ſi cela n'eſt contraindre, ie ne ſcay que c'eſt que contraindre: uoire il n'eſt poſsible de faire uiolence plus grande: & de uray ie croy que ſi uous en trouuiés une plus grande, uous la feriés. Or conſiderés en quel eſtat uous mettés les pouures gens. Voyla un homme qui faict conſcience d'aller à la meſſe, ou d'aller ouir ung ſermon d'un predicant qu'il tient pour heretique, ou d'ayder ſoit par argent, ſoit de ſon corps & armes, à une egliſe qu'il tient pour heretique, cõtre une egliſe qu'il tiẽt pour catholique, & uous luy dites que s'il ne le faict, il ſera banny ou desherité, ou honteuſement mis à mort. Que uoulés uous qu'il face? baillés luy cõſeil, car il eſt en angoiſſe extreme, cõme une leſche de pain que l'on roſtit à la pointe d'un couteau, laquelle ſi elle s'auance, elle ſe bruſle: & ſi elle ſe recule, elle ſe picque. Ainſi ce poure homme s'il faict ce que uous uoulés, il ſe damne, faiſant contre ſa conſcience: ſi non, il perd biens ou uie, choſe peſante à toute creature. Que luy conſeillés uous icy? au moins uous, enſeigneurs & inquiſiteurs de la foy tãt anciẽs que nou-

 ueaux

ueaux, qui poussés les princes à ce faire, (car on sçait bien que c'est uous qui les poussés : & croy bien que uous ne le nierés pas, ueu que uos faits & sermons, uoire uos liures le tesmoignent manifestement) quel conseil donnés uous a un tel homme? luy conseillés uous qu'il face cõtre sa conscience? son ame perira. luy conseillés uous qu'il face selon sa cõscience? il sera mis à mort. tellemẽt qu'il peut bien dire cõme disoit Susanne à ces deux uieillars qui la uouloint forcer. Ie suis angoissée de toutes pars. car soit que ie le face, ie suis morte : soit que ie ne le face, ie n'eschapperay point de uos mains. Icy sçay ie biẽ que c'est qu'õt accoustumé de dire aucuns. Nous les uoudrions bien enseigner: mais ilz sont opiniastres, & quoy qu'on leur die, ilz perseuerent tousiours en leur opinion. Sur quoy ie leur respond. Aussi leur proposés uous bien souuẽt choses, lesquelles ce n'est pas merueilles s'ilz ne les recoiuẽt: ains seroit merueilles si hõme de bõne conscience les receuoit. Mais mettons le cas que uous leur proposiés la uerité (cõme ie croy que quelque fois uous faites) & qu'ilz ne la recoiuẽt pas, qu'y feroit

roit on?la leur uoulés uous faire receuoir par force?Si un malade ne pouuoit mãger une bonne uiãde que uous luy bailleriés, la luy uoudriés uous fourrer au gosier par force? ou si un asne ne uouloit boire, le uoudriés uous noyer pour le faire boire? Apprenés de Christ, & l'ensuiués, lequel ayant affaire à gés opiniastres, les laissoit, & disoit à ses disciples: laissés les. Et uoila quand au commandement.

Des exemples.

Quant aux exẽples, ie ne trouue ny au uieux ny au nouueau testament qu'il y ait oncques eu sainct personnage: quoy sainct? mais qu'il y ait onques eu person-nage qui ait forcé ne uoulu forcer les con-sciences, comme uous faites. Et si diray bien plus, que quand il s'en trouueroit qui l'auroint fait, il ne le faudroit pas ti-rer en consequẽce, ny les ensuiure, ueu qu'ils auroint fait contre toute raison & commandement de Dieu. Car les exem-ples ne font pas commandement, mais le commãdement fait les exẽples, & ne doit on ensuiure un exemple sinon d'autant qu'il est selõ le cõmandement, ou pour le moins nõ cõtre le cõmandemen de Dieu.

Et quād il eſt queſtion de deliberer que c'eſt que nous deuõs faire, touſiours faut regarder le commandement de Dieu, & ſe gouuerner ſelon luy. Autrement il ſe trouueroit bien des exemples (non pas en matiere de forcer conſciences: car en ceſt endroit, comme dit eſt, ie n'en trouue point, mais en autres matieres) leſquels exemples ſeroint plus que dangereux à enſuiure, comme ſeroit de Moyſe, qui tua un Egypciē ſans forme de proces: & de Phinees qui en fit autant à deux Paillars: & de Iacob qui mentit à ſon pere, ſe diſant eſtre Eſau: & des Iſraelites qui par un particulier commandement de Dieu pillerent les Egyptiens, en empruntant & emportant leur uaiſſelle: & de Dauid qui
2.C.27. ſeruant à Achis roy de Geth, faiſoit des courſes ſur les Geſſuréens & autres nacions ennemies des Iſraelites, & mettoit tout à ſang, ſans ſauuer la uie à homme n'a femme: puis dõnoit à entendre à ſon maiſtre Achis qu'il auoit couru le pais de Iudée. Item du meſme Dauid, lequel tant s'en fault qu'il puniſt le calũniateur Siba, apres auoir cogneu ſa calumnie, que meſme il le recompenſa de la moitié des biēs de

de son maistre. comme ainsi fust que selon la loy il le deust punir, & non recompenser. Tels exemples & autres semblables de saincts personnages, soit que l'escriture nommement les approuue, soit qu'elle les raconte sans en faire iugement, ne doiuent, quād il est question de deliberer, estre tirés en cōsequence, & allegués pour reigle, sinon comme dit est. Autremēt un paillard trouuera son excuse en Iudas qui eut affaire à Thamar, cuidant que ce fust une putain : un yurogne en Lot, & Noe. un menteur en Dauid, en l'exemple que dit est: & en Abraham qui dit de sa femme que c'estoit sa seur: un cruel audit Dauid, qui tormenta les Ammonites à tout des sies, herces, & cognées de fer, & les fit passer par une fournaise de tuillerie. Brief tels exemples, en matiere de deliberaciō, sont trop dangereux, & en ont fait trebucher maint, & y auient bien souuent comme à un enfant, lequel uoulāt faire comme un hōme qui manie une espée, & qui le scait faire, blece soy, ou un autre, à cause qu'il est un enfant, & ne scait manier une espée, ioint que quand bien il n'y auroit nul dāger, il ne s'en trouue point touchāt forcer

 les

les cōsciēces. & s'il s'en trouuoit, encore ne le deuroit on point ensuiure, pour les causes cy dessus mises en auant. Mais la plus grande raison de toutes, c'est que nous sommes sous Christ, la doctrine & exemple duquel nous deuons ensuiure, quoy que autres ayēt dit ou fait, ueu que le pere nous a dit que c'est son cher fils, & que nous le deuons escouter & luy obeir. C'est ce fils de Dieu, qui ne permit point à ses disciples de faire descendre le feu du ciel a l'exemple d'Elie, leur disant qu'ils ne scauoint de quel esperit ilz estoint, & qu'il n'estoit point uenu pour oster la uie aux hommes, comme

Ioan.10. Elie, mais pour la sauuer. C'est ce filz de Dieu qui nous a dit que nous allions apres luy: & que tous ceux quiuont deuāt luy, sont larrons & brigans: ce que font ceux qui sans son commandement & exemple, uoire contre son commandement & exemple, forcent les consciences. Car ilz ne peuent dire qu'ilz uoisent apres Christ, mais si bien deuant: en quoy ilz se monstrent larrons & brigans. C'est ce Christ qui nous a baillé une loy parfaite, à laquelle nous deuons bien por-

tes

ter pour le moins autant de reuerẽce qu'a celle de Moyse : c'est que nous nous gardions d'y adiouster ou oster, ueu que cõme dit est, le pere nous a commandé de luy obeir. & a dit que les nacions auront leur attente à sa loy. C'est ce filz de Dieu qui nous dit, Apprenés de moy quis suis debonnaire & humble, & uous trouuerés repos à uos ames. Dont si nous n'apprenons de luy debonnaireté & humilité, n'atẽdons pas de trouuer repos à nos ames. Et de uray uous trouuerés par experience que gens qui forcent ainsi les consciẽces des autres, n'ont iamais repos en leur cœur, mesme en ceste uie, ie me tay de l'autre. Et uoila quãt aux exemples da la saincte escripture. Esa. 42.

Quant puis aux autres, qui sont hors de la saincte escripture, ie confesse bien qu'il s'en est trouué qui ont autrefois cõtraint les consciences, comme fut Hyrcanus pontife des Iuifz, apres le temps des Macchabées, lequel contraignit les Iduméens de se circoncir. Item comme furent autrefois ceux qui contraignirent les Saracins de se baptizer. Item en Espaigne les Iuifz de faire le mesme. Ioseph. Ant. lib. 13. cap. 17.

Mais tels gens ne sont non plus a ensuiure que uous, pour les causes que ci dessus dict est. ie me tay que leur contrainte ne seruit non plus que la uostre: car ni les Saracins ne furẽt onque urais Chrestiens, comme bien depuis ilz mõstrerent, quãd ilz retournerẽt à leur premiere religion: & les Iuifs d'Espaigne baptizés par force ne sont non plus Chrestiens que parauant: ains retiennent tousiours leur uieille loy, & y enseignent leurs enfans, quelque mine que par cõtrainte ilz facẽt par dehors: pour laquelle cause on les appelle par un nom infame Marrans, tellemẽt qu'on n'a gaigné autre chose que de faire des hypocrites & faux Chrestiẽs, par lesquels le nõ de Christ est blasphemé. Ie me tay que quand bien de telle contrainte un grand bien s'en ensuiuroit, elle ne laisseroit pour tãt pas d'estre illicite, ueu que sainct Paul enseigne qu'il ne faut pas faire mal, afin que bien s'en ensuiue.

De bonne intencion.

Il reste que ce que uous faites, uous le faciés par une bonne intencion & cuider bien faire. Mais uous sçauês biẽ, ou pour le moins deués sçauoir, que nous ne deuons nons pas ſuiure noſtre bonne intencion, mais le commandement de Dieu, comme il dict luymeſme. Car en cuidant bien faire, on ſe trompe quelque fois bien lourdement, comme il appert par le roy Saul, lequel pour auoir retenu les plus graſſes beſtes du butin pour en faire ſacrifice à Dieu, en fut priué de ſon regne, a cauſe qu'il ne l'auoit pas faict par le commandemēt de Dieu, mais ſeulemens à bonne intenciō. Item par les parolles de Chriſt, qui dit ainſi à ſes diſciples, On uous excōmuniera, uoire & uiēdra l'heure que tous ceux qui uous tueront, cuideront faire ſeruice à Dieu. Et de faict ſi uos ſeruiteurs faiſoint ce que bon leur ſembleroit, & non ce que uous leur commandés, on ſçait bien que uous n'en feriés pas contens. Parquoy ne penſés pas que Dieu ſe contente de uoſtre cuider bien faire, s'il n'eſt reiglé ſelon ſon commandement: ains ſachés que uos ſeruiteurs uous iugeront au iour du iugement, ueu que laiſſans leur cuider bien faire, ilz font ce que uous leur commandés: & uous faites le contraire à uoſtre maiſtre. Deut. 12.

Les fruicts de contrainte de consciences.

Or considerons maintenãt le fruict qui s'ensuit de uostre contreinte. Premierement si ceux que uous contraignés sont forts & cõstans, & ayment mieux mourir que de blecer leurs consciences, uous les faites mourir, en quoy uous estes meurtriers de leus corps. dont il faudra que uos en rẽdiés conte à Dieu. Secondement s'ils sont si foibles qu'ils ayment mieux se dedire & blecer leurs cõsciẽces, que d'endurer uos tormẽs & geines importables, Vous faites perir leurs ames, qui est encore pis, dont il faudra qu'en rendiés conte à Dieu, auquel ilz sont, & soyés punis selon la loy de la pareille, qui est, de telle mesure que uous mesurés, il uous sera remesuré. Tiercement uous scandalizés enormemẽt tous les urais Chrestiẽs & enfans de Dieu, lesquels ayãs un esprit de Christ, qui est esprit de toute douceur, bonté, debonnaireté, s'offensent grandemẽt, & nõ sans cause, de uostre enorme uiolence, & en gemissent cõtinuellemẽt à Dieu. Et ne doute pas qu'il en y a meints entre uous lesquels, craignans uos uiolences, se taisent

sent uoiremét de bouche, mais leur cœur crie iusques au ciel, & paruient leur cri iusques aux oreilles de celuy qui oit les gemissements des oppressés a tort. Or considerés si c'est petit peché de scandaliser tát de gens craignás Dieu, ueu que Christ dit qu'il uaudroit mieux a tout une meule de moulin attachée au col, estre ietté au cœur de la mer, que de scandaliser le moindre de ceux qui croyent en luy. Pesés un peu, ie uous prie, ceste meule de moulin. Quartement uous estes cause que le sainct nom & la saincte & benigne doctrine de Iesu Christ est blamée & blasphemée parmi nacions estranges, cõme sont les Iuifs & Turcs, lesquels uoyans telles guerres & carnages entre les Chrestiens, pensent qu'il tienne à la doctrine, & pour cela la uituperent, & s'en desgoustét iournellement tant plus.

Cinquiesmement uous estes cause qu'entre uous s'engendrent des inimitiés, haines & rancunes mortelles & immortelles, & qui parauenture iront de peres en fils, tant pour les uiolences usées sur les uiuans, que pour le sang des morts espandu, duquel la memoire demeure long

long temps fresche au cœur de leurs parens & amis. Et uoyla les grands maux qui uiennent de uos uiolences.

En recompense de tous ces maux il y a un seul bien que peut estre les moins mauuais d'entre uous esperent: c'est que par telle uiolence quelques uns seront gaignés à Christ. A quoy ie respon premierement que quand bien ainsi seroit, tel bien ne seroit nullement a comparer à tant de si grãds maux que dit est, & que ce seroit, à uous, pour un tel biẽ, faire tãt de maux, aussi grande folie, que si quelcun pour moissonner un muid de blé, en semoit cent: ou pour auoir des cendres uenoit a brusler sa maison, ou pour engendrer un enfant, uenoit à tuer cent hommes desia aagés. Mais posons le cas que le bien qui s'en ensuit, fust non seulemẽt egal au mal, mais sans comparaison plus grand, encore ne se deuroit il pas faire, ueu que, comme dit est, la uerité nous enseigne quil ne faut pas faire mal afin que bien s'en ensuiue. Et que dirons nous si le biẽ que uous y cherchés, n'y est pas? uous uoulés faire des Chrestiens par force, & par ainsi honorer Dieu, en quoy uous uous abusés grandement.

dement. Car si cela se pouuoit ou deuoit faire, Christ auroit esté le beau premier q l'auroit & fait & enseigné, ueu qu'il a esté enuoyé pour honorer & faire honorer Dieu, & pour ce faire a eu l'esprit de toute sagesse. Mais il ua tout autremẽt, car il ne ueut auoir que des disciples uolontaires, & sans contrainte, comme il a esté & figuré & predit au uieux testament, figuré en ce que le tabernacle fut fait de dons offers du bon gré du peuple. Item en ce que quand Dieu enseigne au peuple d'Israel comme c'est qu'ilz doiuent guerroyer, il leur fait une loy, que deuant qu'entrer en bataille, ilz ayent a faire crier que qui sera craintif, ou nouueau marié, ou qui aura basti une maison neuue, ou plãté uigne, ait a se retirer & retourner ches soy, de peur qu'en batalle il ne face perdre le courage aux autres. Voila quant à la figure. Quant a la prediction, elle est au liure des pseaumes, là ou Dieu dit à Christ telles parolles. Tes gens marcheront de leur bon gré au iour que tu feras ton exploit, auec une saincte maiesté. Voyla les urais souldars de Christ, uolontaires & alegres, & ne regrettãs chose quelconque mondaine. Et Sal.110.

ceux

ceux qui en font ou ueulent faire par cõtrainte, ne s'entendent certes ni en guerre corporelle, ni en ſpirituelle: ains au lieu de faire des urais champiõs de Chriſt en font de couars, craintifs, feints & effeminés, & qui ſont plus a l'auantage de l'ennemi que de Chriſt. Ie dy cecy tout cõſtãmmẽt & ſans aucune doute: car ie ſcay certainement qu'il eſt ainſi: & m'ẽ rapporte à l'experience, qui ne m'en laiſſera mentir. Car nous uoyons manifeſtement que gens contrains à la religion Chreſtienne, ſoyent peuples, ſoyent perſonnes particulieres, ne ſont iamais bons Chreſtiens, & crain qu'ils ne le ſoyẽt moins que parauant, eſtans degouſtés par telle contrainte, uoire quelque fois iuſques à ſe boucher les oreilles, de peur d'ouir ce qu'on leur preſche, & a prier Dieu qu'il leur face la grace de ſortir du ſermon tels qu'ils y entrent. Que ſi quelcun ainſi cõtraint uient a croire (ce que toutesfois ie doute fort s'il ſe fait) mais s'il uient a croire, cela ne ſe fait pas par la contrainte: & peut eſtre que s'il n'euſt eſté contrainct, il euſt auſsi toſt ou pluſtoſt creu qn'il n'a: comme nous uoyons là ou on ne con-

traint

straint personne, le nombre des croyans communement croistre plus, que la ou il y a cõtrainte. Des exemples i'en pourroye alleguer assés, s'il n'estoint manifestes à plusieurs, & si ie ne craignoy d'offenser quelques uns. Parquoy ie di que ceux qui regardent ainsi au nombre, & pour cela contraignent les gens, ne gaignent rien, ains perdent plustost, & resemblent à un fol, qui ayant un grand tonneau, & un peu de uin dedens, le remplit tout d'eau, pour en auoir dauantage, en quoy faisant tant s'en faut qu'il accroisse son uin, que mesme il gaste ce qu'il auoit de bon. Ainsi tels gens uoulans augmeter le nombre des Chrestiens, tant s'en faut qu'ilz l'augmentent, qu'ilz gastent mesme s'il y auoit rien de bon. Parquoy il ne se faut pas ebahir si auiourdhuy le uin de Christ est tant petit & foible, ueu que on y mesle tant d'eau. Pas ne faisoint ainsi les Apostres, qui scauoint & gardoint le uray moyen de faire & receuoir un Chrestien: ains demandoint a l'apprentif s'il croyoit: comme fit Philippe au chastré de la Roine Candace: Si tu crois de tout ton cœur, il est loisible de te babtizer.

babtizer. Mais uous autres qui contreignés les conſciences, ne ſcauriés ainſi demander à uos apprentifs. Car quand par crainte de deſhõneur, ou de perte de biẽs, ou de corps, uous contraignés quelcũn d'approuuer la puiſſance du Pape, ou la meſſe, ou le purgatoire, ou la doctrine ou ceremonies que uous tenés, il n'eſt ia beſoing que uous luy demandiés s'il y croit de tout ſon cœur, c'eſt a dire urayement & ſans doubte: car uous pouués bien ſcauoir (ſi uous n'eſtes plus aueugles que taupes (que tant s'en faut qu'il y croye de tout ſon cœur, que c'eſt tout au contraire: c'eſt qu'il y meſcroit de tout ſon cœur. & s'il oſoit dire ce que ſon cœur croit & penſe, il diroit, Ie croy de tout mon cœur que uous eſtes des droicts tyrans, & que ce a quoy uous me cõtraignés ne uaut riẽ: uoire de ſorte que ſi parauant i'y euſſe eu quelque inclinacion, maintenant uous me l'oſteriés par uorſte uiolence. Car il faut bien dire que le uin ne uaut guaire, quand on contraint les gẽs à le boire. auſſi faut il bien dire que uoſtre doctrine ne uaut guaire, quãd uous y contraignés les gens. Et pour le faire court, uous faites

com-

comme firent autresfois uos deuanciers, quand ilz prindrent Bourgoigne, & contraignoint les Bourguignons de dire uiue le Roy. Car les Bourguignons se faisoint plustost tuer, que de dire uiue le Roy: ou si quelcun par crainte le disoit de bouche, son cœur disoit tout au contraire, & haissoit plus le Roy que iamais. Ainsi font ceux que uous contraignés, tellemẽt que uous ne faites qu'engendrer haines mortelles, & faire des Chrestiens faintifs & hypocrites, qui ne pensent & ne taschent puis apres à autre chose, qu'a ruiner ce a quoy ilz ont esté contrains, & enseignent ainsi leurs enfans: & a la premiere occasion qui leur est presentée, se reuoltent. Voila au lieu du bien les maux qui uiennent de uos bonnes intencions & contraintes, lesquels c'est merueilles si uous ne les uoyés, & si uous ne uoyés que mesmes au lieu d'auancer uostre religiõ, uous la reculés. Et qu'ainsi soit, considerés biẽ l'affaire. Premieremẽt uous Catholiques, quand Luter commenca a se mettre en auant, uous commencates à persecuter sa secte, & les brusler, afin de l'eteindre, & depuis iamais n'aués cessé de taschier en

D toute

toute facon de l'arracher. Et qu'aués uous gaigné? uous uous estes rendu suspects, & aués faict que les gens se sont uoulu enquester que c'estoit, dõt la chose a esté tellement brassée, que pour un que uous aués buslé, il en est uenu cét. de sorte qu'il en y a auiourdhuy plus de milliers, qu'il n'ẽ y auoit alors de dizaines. tellement que comme uous uoyés, ilz uous osent desia faire la guerre.

Pareillement uous, Euangeliques, quand par cy deuant uous combatiés des armes spirituelles, que uous auiés apprinses & prinses de Christ & de ses Apostres, asauoir de foy, d'amour, de paciẽce, & autres, Dieu uous benissoit, & fortifioit tellement, que uostre cas alloit tousiours de bien en mieux, & croissoit uostre nombre dru comme gouttes de rousée d'aube du iour. Mais maintenãt depuis que laissans les armes spirituelles, uous aués empoigné les charnelles, il uous ua tout au rebours. Car uostre uiolence uous rend suspects, & est cause que les gẽs au lieu de s'auancer, se reculẽt, & ont tresmauuaise estime de uous. Et afin que uous entendiés que ce n'est pas cas de fortune, ains est une

une prouidẽce & uolonté de Dieu, lequel communement de telles causes fait sortir telz effets, uous deués entẽdre que ce qui nous auiẽt, est mesme de uostre souuenãce auenu à d'autres, asçauoir à Zuingle, & à l'Empereur Charles cinquiesme. Car tandis que Zuingle cõbattoit par doctrine & parolle, son cas auançoit tellement, que tout le pais de Suisse estoit en branle de receuoir sa doctrine. Mais quãd il uint a user de uiolence, & a mettre luymesme la main a l'espée, tout y alla a rebours: tellement que & luymesme auec plusieurs autres tomba en bataille, & les cantons catholiques, qui parauant estoint en branle, se retirerent & confirmerent tellement en leur ancienne foy, que depuis iamais n'en ont bougé.

Item l'Empereur Charles, uous sçaués comment il fit la guerre aux Protestans, & comment il eut pleine uictoire, iusques a prendre & tenir long temps prisonniers leurs princes, de sorte qu'on eust dit que c'estoit fait de leur doctrine & religion. Mais qu'en auint-il finablement? Il auint qu'il fut contraint non par les Protestans, mais par ceux mesmes qui luy auoyent aydé, & principalement par uoſtre propre Roy, ô Francois, qui eſtoit ennemi mortel de la doctrine des proteſtãs, de laſcher les priſonniers, dont la religiõ des Proteſtãs par l'aide de ſes propres ennemis demoura tellement en ſon entier, qu'elle y eſt encore auiourdhuy. Par tels exemples, il ſemble que le Dieu des armées monſtre manifeſtemẽt qu'il ne ueut point qu'on y procede par uiolence.

Conſideracion de l'auenir.

Or conſiderons maintenãt, ſi uous perſeuerés tous deux en uoſtre entreprinſe, que c'eſt qu'il eſt urayſemblable d'en deuoir auenir. Il faut neceſſairement (ſelon que ie puis, en epluchant le tout, comprendre) ou que la guerre ſoit perpetuelle: ou qu'une partie ſoit par force perſuadée & attirée à la religion de l'autre: ou que ſans eſtre perſuadée elle en face le ſemblant, par creinte: ou qu'elle ſoit par l'autre du tout aneãtie, ou pour le moins chaſſée hors du pais: ou que demourante au pais, elle ſoit miſerablement tyranniſée: ou que les deux parties ſoyent dontées & aſſubietties par quelque ennemi ou ennemis de dehors: ou qu'elles facẽt

paix

paix enſemble par telle condicíon que chaſcune tienne ſans contrainte laquelle des religiõs elle uondra, ſans faire faſcherie à l'autre. Voyla, ce me ſemble, les ſept poinƈts dont il faut que l'un aduienne, & ſur leſquels il faut prendre deliberacion & conſeil.

Le premier poinƈt.

Donques pour les cõſiderer tous ſept, & choiſir le meilleur, quant au premier, qui eſt perpetuelle guerre, il eſt malheureux & deteſtable, pourtant doit il eſtre euité. Ie me tay qu'il eſt ce ſemble, impoſſible, ueu que uoſtre guerre n'eſt pas comme ſont communement les autres, ains eſt une guerre obſtinée & tendante a la toutale deſtruƈtiõ de l'aduerſe partie: ueu que tant l'une part que l'autre (comme nous uoyons par uos proteſtacions publiées) ont promis & aſſeuré qu'ilz y employeront iuſques au dernier denier de leur bource, & a la derniere goutte de leur ſang. que pleuſt or à Dieu (afin que ie die cecy en paſſant) que uous euſsiés pluſtoſt iuré en la forme de Chriſt, aſcauoir que uous employeriés ſac & bagues, & iamais ne ceſſeriés que uous n'euſsiés tué le uiel

 homme,

homme, & fussiés parcreus au nouueau, & en aimant uos ennemis fusiés semblables à uostre pere celeste. Voila, uoila qui seroit un cõplot sainct & louable, un ueu sainct & semblable à celuy de Dauid, qui iura & fit ueu à Dieu, qu'il n'entreroit en sa maison, ni ne mõteroit sur son lit, ni ne laisseroit dormir & reposer ses yeux, qu'il n'eust trouué lieu & maison au Dieu de Iacob. Mais cecy peus-ie biẽ souhaitter. car de l'esperer, uos faicts m'engardent. Donques tout ainsi qu'une extreme maladie ne peut en un homme longuement durer qu'elle ne garisse, ou emmeine le malade: ainsi uostre guerre, ce me semble, ne peut estre perpetuelle, ains faut ou qu'elle finisse, ou que la France soit destruitte.

Le second poinct.

Quant au second poinct, il n'est ne loisible ne posible. Car de pẽser qu'une cõscience puisse estre persuadée par force, c'est aussi grande folie, comme qui uoudroit a tout une espée ou halebarde tuer la pensée d'un homme.

Le troisiesme poinct.

Le troisiesme poinct, qui est d'auoir des gens feintifs, qui par crainte facent semblant

blant d'accorder à la religion, & en leur cœur la detestẽt, est tout ainsi cõme si une cõmunauté uouloit auoir des bourgeois fentifs, qui de bouche promettans la foy, de cœur haissent la cõmunauté. Certainemẽt telle cõmunauté seroit bien digne en lieu de bourgeois d'auoir des traistres. Ou il est ainsi comme si un mari uouloit auoir une femme qui de bouche luy promist foy de mariage: & de cœur tout au cõtraire. Certainement un tel homme seroit biẽ digne, au lieu d'une loyalle espouse, d'auoir une paillarde secrette.

Le quatriesme & le cinquiesme poinct.

Le quatriesme poinct, qui est qu'une partie soit par l'autre du tout aneantie, ou pour le moins chassée hors du pais: Item le cinquiesme, qui est de tyranniser, ne ressemblent non plus à une Chrestienté, qu'un loup à une brebis. Que si uous estes d'un tel uouloir, il uous uaudroit mieux renoncer entierement au nõ de Christ, & uous porter tout ouuertemẽt pour payens & tyrans, puis que de fait uous l'estes, & n'aués aucune accointance auec la benigne nature de Christ.

uous ſcaués que diſoit Elie au peuple d'Iſrael. Si Baal eſt Dieu, adorés Baal. Si le Seigneur eſt Dieu, adorés le Seigneur, & ne clochés point entre deux. Ainſi uous ſera il dit à bon droict. Si uous eſtes Chreſtiens, pourquoy uſés uous de tyrannie? Et ſi uous n'eſtes Chreſtiens, pourquoy en portés uous le tiltre, & nians Chriſt de faict, le confeſſés de bouche? Ne ſcaués uous pas que Chriſt dit: Apprenés de moy, qui ſuis benin, & humble de cœur?

Le ſiſieſme poinct.

Quant au ſiſieſme, il eſt miſerable, & croy que uous ne le deſirés pas, ſi uous n'eſtes entierement hors du ſens.

Le ſeptieſme poinct.

Il reſte maintenant le ſeptieſme poinct, qui eſt d'appointer, & laiſſer les deux religions libres, lequel poinct ſi uous ne receués, il uous faudra neceſſairemẽt tomber en l'un des ſix inconueniens cy deſſus racõtés. Que ſi tous ſix ſont ou miſerables, ou contre Dieu (comme certes ilz ſont, & nous l'auons monſtré) & uous uoulés euiter tant malheur que peché (cõme certes uous deués uouloir) il reſte que uous receuiés le ſeptieſme, lequel ie dy, & (cõme me i'espere) prouueray estre & sans aucun peché, & sans inconuenient si grand que sont les autres. Mais deuant que uenir à ce poinct, ie ueux faire mencion d'un petit liure imprimé l'an passé en Frãcois, dont le tiltre est, Exhortaciõ aux princes & seigneurs du conseil priué du Roy, auquel liure est donné le mesme conseil que ie ueux donner, c'est de permettre en Frãce deux Eglises. Ledict liure (selon mon auis, & de tous ceux auxquels i'en ay parlé, & qui l'ont leu) est escrit par ung hõme prudent, quel qu'il soit, & qui donne un conseil tresbon & profitable. Et de fait les plus deraisonnables seront contraincts de me confesser que si on l'eust suiuy, on eust iusques à present (ie me tay de l'aduenir) euité la mort de cinquante mille personnes frãcoises pour le moins, qui depuis ont esté miserablement meurtris, qui eust esté un bien, la grandeur duquel est maintenant (apres qu'on l'a perdu) plus aisée à cognoistre, qu'elle n'eust pour lors esté à sentir, si le mal ne fust aduenu, puis qu'ainsi est que les fols ne cognoissent le bien, qu'apres qu'ilz en sont dessaisis. Or puis que iusques à present en refusant un si bon & moderé conseil, & ensuiuant un mauuais & sanglant, on est tombé en des maux si grans & irreparables, ie suis uenu a penser que ou iamais uous n'aprendrés, ou uous aurés à ceste fois, pour le moins comme les fols, apprins quelque chose. Vous aués iusques a present suiuy le conseil des plus maupiteux de uos maistres & enseigneurs (comme il aduient communement qu'on croit plustost aux mauuais qu'aux bons) & uous en estes tresmal trouués, ie me tay que uous aués grãdement offensé celuy qui de la haut maintenant uous punit : essayés maintenant un autre moyen, & faites comme lon fait es maladies. quand on s'est mal troué d'un medecin, on en cherche un autre. ou comme fit iadis Pharaon le Roy d'Egypte, lequel ne pouuant tirer de ses magiciens aucun dechiffrement de ses songes, fit a la fin uenir le poure prisonnier & mesprisé Ioseph, duquel il apprint ce qu'il cherchoit, & ensuiuant son conseil, s'en trouua tresbien. Ainsi uous, puis que iusques a present uous aués esté seduits par ceux qui uous conduisent, regardés de toutes pars s'il seroit possible

ble de trouuer meilleure addresse, & ne soyés point opiniastres comme Alcumistes, lesquels aiment mieux dependre sac & bagues, corps & entendement, & finablement ou mourir en soufflant le charbon, ou aller mourir en l'hospital, que de laisser leur forcenée entreprise: ou cōme les ioueurs, lesquels aiment mieux iouer iusques à la chemise, que de retenir pour le moins le pourpoint: ou comme firent au temps de l'Empereur Vespasian & Tite son filz les Iuifz, qui aimerent mieux uoir leur mereuille Ierusalem auec toute la Iudée & nacion Iudaque, tomber en cendre & sang, que de se laisser rerirer de leur enragée opiniatrise. Donques pour reuenir à mon propos, examinés bien le liuret & conseil que dit est, & uous trouuerés que uous ne scauriés mieux faire que de le suiure. Et de uray ie pourroye bien icy mettre fin a mon propos, & uous renuoyer au dict liuret, faisant comme font quelque fois en conseil les conseilliers: quand pour estre courts ilz disent. Ie m'en tien a ce qu'en a dit un tel. Mais ie uoy icy un empeschement, lequel il faut ofter s'il eſt poſsible : c'eſt quil en y a qui enſeignent & ont enſeigné, tant par parolles que par liures, que l'office des princes & ſeigneurs de iuſtice eſt de faire mourir les heretiques : & que s'ils ne le font, ils font contre Dieu, & en ſeront punis. Ceſt enſeignement eſt la principale cauſe de ces charnages & boucheries qui ſe font auiourdhuy pour la religiõ: & tandis qu'il demeure, & que les princes y croyent, ie n'y uoy remede quelcõque. Car puis que auiourdhuy la Chreſtiẽté eſt diuiſée en tãt de ſectes, qui tiennent toutes les unes les autres pour heretiques, il ne peut eſtre que les princes qui croyẽt à celle doctrine de perſecutiõ, ne perſecutent & malſacrẽt ceux qu'ilz tiennent pour heretiques. Or en cecy le cõble du mal eſt, que ceux meſmes qui ont enfanté & publié telle doctrine, ſont euxmeſmes tenus de toutes autres ſectes pour heretiques, & pourtãt perſecutés & malſacrés. Voire l'eſtoint deſia lors qu'ilz mettoint en auant telle doctrine. Et qui plus eſt, haiſſent, & ont hai & perſecuté & taſché de faire mourir ceux qui en ceſte opiniõ leur ont oſé cõtredire, en quoy il me ſemble qu'ilz reſſemblent

aux

aux Iuifs, lesquels (selon que racõte Pline) comme les Romains defendoint l'arbrisseau qui portoit le baume, qu'il ne fust gasté, firent au pis qu'ils peurent pour l'aneantir & destruire : tellement que les Iuifs mesmes estoint plus ennemis de leur biẽ & uie propre, que leurs ennemis, c'est a dire que les Romains. Tout ainsi font ceux icy, en ce qu'ils haissent & persecutent ceux qui par leur auis & conseil leur sauuoint la uie. Et qu'ainsi soit, ie les en prẽd euxmesmes à tesmoings, s'il n'est pas uray que si on suiuoit le cõseil de ceux qui deconseillẽt persecutiõ, eux mesmes qui enseignent persecution, seroint espargnés & non persecutés : là ou maintenant à cause qu'on suit leur doctrine de persecutiõ, ilz sont euxmesmes persecutés, & batus de leur propre baton : tellement qu'on peut bien dire d'eux, ce que dit Pline des Iuifs, c'est qu'ils combattent contre leur propre uie. Or pour uenir a propos, la questiõ est, si on doit faire mourir les heretiques: & sur ceste questiõ a ces ans passés esté & disputé & escript des liures, les uns tenãs que oy: les antres que nõ: & comme bien souuẽt la pire partie, quand le mõde iuge, uainc

uainc la meilleure, ceux qui ont tenu que oy, l'ont gaigné, & persuadé à plusieurs, d'ont s'é est ensuiuie la mort de plusieurs tant autres, que desleurs mesmes, qui ont esté tenus pour heretiques, lesquels certes n'eussent pas esté mis à mort, si l'opinion cõtraire eust eu lieu. Maintenant puis que l'opinion persecutante est contraire à nostre cõseil & entreprise, a cause que les princes font conscience de ne persecuter pas, il seroit bon de la refuter & monstrer fausse. Mais pource que ceux qui par cy deuant en ont escript, l'ont (ce me semble) assés fait, si on n'estoit si tresopiniastre, & que pour le present il me faudroit estre trop long, ie m'en raporteray à ce qu'ils en ont escript, sans autrement poursuiure la matiere par le menu. Tant seulement ie m'arresteray a deux poincts que i'ay ci dessus touchés, c'est a monstrer qu'on peut bien laisser uiure & ne persecuter pas ceux qu'on tient pour heretiques: & qu'en cecy n'y a ne peché, n'inconuenient si grãd que de faire autrement: & que si de deux maux on doit choisir le moindre, comme certes on doibt, on doibt choisir cestuy cy.

Que

Que c'est qu'un heretique.

Dõcques afin de me faire entẽdre, ie ueux en peu de parolles mõstrer simplement & a la uerité que c'est qu'un heretique.

Ce mot heretique est un mot grec, uenant du mot heresie, qui signifie secte: tellemẽt que proprement heretique, c'est un qui est d'une secte, cõme estoint autrefois entre les Philosophes, les Academiques, Peripatiques, Stoiques, Epicuriens : & en Iudée les Pharisiens, Saduciens, & Esséés, & Nazariens, & Recabites, & comme seroint auiourdhuy toutes sectes de gens qui se nomment Chrestiens, comme sont Romains, Grecs, Georgians, Luterians, Zuinglians, uaudois, Picars, Anabaptistes & autres: & entre les Romains les sortes de moines, qu'on appelle ordres, comme sont Cordeliers, Augustins, Chartrous & autres. Toutes telles sortes de gens s'appellent selon ce mot Grec, & selon la maniere de parler de l'escripture, Heresies: & ceux qui en sont, Heretiques. Mais quand il en est parlé à la male part, le mot heresie se prend pour mauuaise secte: & Heretique pour un qui est d'une mauuaise secte: ainsi qu'en Fran-

Francois quand il eſt parlé d'une garſe en la mauuaiſe part, il s'entend d'une garſe impudique, c'eſt a dire d'une putain: comme ainſi ſoit toutesfois que le mot de garſe ſignifie une fille. Donques heretique c'eſt un qui eſt d'une mauuaiſe ſecte. Et tout cecy pourroy ie ayſement prouuer. Mais pource que c'eſt choſe manifeſte a tout homme qui ſcait Grec & l'eſcriture, ie le prend pour tout prouué & confeſſé.

Si on doit faire mourir les heretiques.

Maintenant la queſtiõ eſt, ſi on doit faire mourir les heretiques: & ſi les princes & ſeigneurs de iuſtice feront mal s'ils ne ne les font mourir. Sur quoy ie reſpõs que non, & la cauſe eſt pource que Dieu ne l'a iamais commandé ni au uieux ni au nouueau teſtament. Et de cecy ie pren a teſmoings ceux meſmes qui ont expreſſement eſcript des liures pour mõſtrer qu'õ doit faire mourir les heretiques, leſquelz cherchãs en toute diligence tous les paſſages qu'il ſeroit poſsible pour prouuer leur opiniõ, n'en ont iamais ſceu trouuer un en toute l'eſcriture, ou il ſoit cõmandé

de

de faire mourir les heretiques: ce que uoyans, & toutesfois uoulãs maintenir leur opinion, sont allés prouuer que dieu au uieux testament auoit commandé de faire mourir les blasphemateurs & faux prophetes, & sur cela ont conclu qu'il faloit donque faire mourir les heretiques, comme blasphemateurs & faux prophetes. Et de faict s'ils pouuoint prouuer que les heretiques fussent tels blasphemateurs ou faux prophetes, cõme sont ceux que Moyse commande de faire mourir, ie confesseroy que Moyse auroit commandé de faire mourir les heretiques, & ne uoudroy pas etriuer pour le mot, puis que de la chose nous serions d'accord. Mais il n'est pas ainsi. Car quand Moyse cõmande de mettre à mort un blasphemateur, il parle d'un qui par depit & à son escient uient à maugréer le nom de Dieu, cõme nous uoyons mains ioueurs, & soudars, & yuuroignes & autres qui le font. Et qu'ainsi soit, il appert tant par l'exemple, que par le cõmandemet qui est en Moyse. Car il est la raconté comment il se leua un debat entre un qui estoit fils d'une femme Israelite, & d'un pere Egypcien, & entre un Israelite, Leuit. 24.

 dont

dont le fils de la femme Israelite blaspheма, & maugrea le nom du Seigneur. Pour laquelle cause le Seigneur commanda qu'il fust lapidé: & en fit une loy, dont les parolles sont cestes cy. S'il y à homme qui maugrée son Dieu, qu'il en soit puni: & qui depitera le nom du Seigneur, soit mis à mort. Icy uoyons nous manifestemēt qu'il parle des maugreemens & blasphemes qui communemēt sont appellés blasphemes, & tresbien entendus mesme du menu peuple. Car mesmes les cōmunautés profanes en ont des lois, & punissent communement tels blasphemes. Mais d'alleguer celle loy des heretiques q̃ pourroint mal entendre & exposer quelque poinct de l'escripture, comme seroit de la cene, ou du baptesme, & autres, & dire que par celle loy ils doibuent estre mis à mort, c'est mal & dāgereusemēt alleguer, & estre trop diligent & subtil à espandre sang: aussi bien que qui diroit que les Sadduciens deuoint par la mesme loy estre mis à mort, à cause qu'ils nioint la resurrexion des morts: ou les Iuifs Crestiens, à cause qu'ils tenoint que pour estre sauués il se faloit circoncir: ou Paul à cause que

deuant

deuāt qu'estre Chrestien il auoit par ignorance blasphemé Christ & sa secte: ou Thomas, à cause qu'il nioit la resurrection de Iesu Christ, combien qu'il en eut l'escripture, & la predixion de Christ, & le tesmoignage de ses apostres.

Item quant aux faux prophetes, il est certain qu'il n'entend point d'un heretique, comme il appert par ses parolles, qui sont telles. Si entre uous se leue quelque prophete ou songeur, qui uous donne quelque signe ou miracle, & que ledict signe ou miracle qu'il aura dict, auienne, & neātmoins il uous ueuille mettre en teste d'aller apres dieux estranges que uous ne cognoissés, & de les seruir, ne luy croyés point, ains le faictes mourir. Vela les parolles de la loy de Moyse, par lesquelles il est euident que pour faire mourir un homme par celle loy, il y faut trois choses: premierement que ledict prophete ou songeur predise quelque signe ou miracle: secondement que ledict signe ou miracle auienne: tiercement que ledict prophete ou songeur pousse le peuple à adorer dieux estranges: Que si ces trois poincts n'y sont, combien qu'il en y eust un ou *Deut. 13.*

 deux,

deux, on ne peut par celle loy faire mourir un hõme. Or est ce que es heretiques, ou en ceux q sont tenus pour heretiques, non seulement ces trois poincts ne sont pas, mais mesmes il n'en y à pas un : parquoy on ne les peut par celle loy faire mourir. I'enten bien que quelcun dira (cõme aucuns ont osé escripre) que puis que les heretiques falsifient l'escripture, & enseignent de Dieu autre qu'il n'est, que c'est autant comme s'ils poussoint à adorer dieux estranges, puis qu'ils enseignent de Dieu autrement qu'il n'est. Mais sauf leur grace, ie respond qu'ils sont trop ingenieux à espandre sang: & que c'est comme si quelcun disoit que ceux qui au tẽps des apostres croyoint & disoint que Christ n'estoit uenu que pour sauuer les Iuifs, & pourtant s'offensoint de ce que Pierre estoit allé enseigner Corneille Centenier Payen, faisoint Dieu autre qu'il n'est, c'est à dire sauueur seulement des Iuifs, & non des Payens, & pourtant estoint idolatres. Il ne faut pas, quand il est question d'une chose de si grande importance que de faire mourir un homme, aller ainsi tordre & exposer la loy à nostre fantasie : ains faut ronde-

rondement, ſans aggrandir ou amoindrir le crime, s'arreſter aux parolles & intention de la loy. Sainct Paul appelle bien auarice idolatrie, à cauſe qu'un auaricieux faict un Dieu de ſon argent. Faut il pourtāt conclurre qu'un auaricieux doibue eſtre mis à mort par la loy qui commande de faire mourir les idolatres? Il eſcript auſsi contre aucuns qui font leur Dieu de leur uentre: faut il pourtant conclurre que le magiſtrat doibue faire mourir un gourmant ou yuroigne comme idolatre: Et uela les principaux & plus apparens argumēts prins de l'eſcripture, qu'ayent ceux qui ueulent qu'on tue les heretiques, leſquels arguments eſtans refutés, tout les autres ſont aiſés à rēbarrer, & i'eſpereroy à l'ayde de uerité de le pouuoir faire: mais pour le preſent ie m'en deporte, creignant d'eſtre trop long, & ayāt eſgard à ton danger & malheur, ô France, q à plus beſoing de brief conſeil, que de longue diſpute. Parquoy pour concluſion, ie di que puis que Dieu n'a commādé ni au uieux ni au nouueau teſtament de faire mourir les heretiques: & que nous ne debuons oſter ni aiouſter à ſa loy & commandemēs, & que

pour ceste cause il punira non seulement ceux qui n'auront pas faict ce qu'il à commandé, mais aussi ceux qui aurõt faict ce qu'il n'a pas cõmandé, qu'on ne les doibt poĩt faire mourir, & que au pis aller, le magistrat aura tousiours iuste excuse, de ne les auoir faict mourir, disant : Seigneur tu ne le nous auois point commandé. Et au contraire s'il les faict mourir, au mieux aller il pourra tousiours estre reprins à bon droict de Dieu, disant : Ie ne le uous auoy point commandé. Et de faict si les Princes estoint sages, quand les Theologiens les incitent à mettr'a mort les heretiques, ils leur diroint: Monstrés nous une loy diuine qui expressemẽt le commande: & alors tous les Theologiens du monde ne scau-
Deut.17. roint que dire. Quãd dieu enséigne l'office d'un Roy, il commande qu'il ait le double de la loy en un liure, & qu'il le retienne & lise tous les iours de sa uie, sans s'en detourner n'a droict n'a gauche. Pensés y, ô Princes, & ne uous fiés pas tant en uous guides, que uous n'ayés parolles expresses du cõmandemẽt de Dieu, deuãt que mettre la main à l'espee : car uous estes en un tel estat, qu'il uous faudra rendre un grãd conte.

conte. Et ne faut pas qu'on cherche un eschappatoire, disant que au têps de Moyse Dieu ne fit aucun cõmandemẽt des heretiques, à cause que pour lors il n'y auoit point d'heretiques. Car ie respond que Dieu scauoit biẽ l'auenir, & faisoit cõmandemens pour le present & pour l'auenir, uoire plus pour l'auenir que pour le present, ueu qu'il leur dict qu'il leur baille cõmandemẽs pour garder quãd ils serõt arriués en la terre ꝓmise. Il n'auoit au tẽps de Moyse nul Roy en Israel: uoire Dieu ne uouloit point qu'il en y eust: mais il ne laisse pas pourtãt de leur bailler enseignemẽt pour le roy auenir, cõme nous auõs maintenãt allegué, autant en di ie des bougres, & gẽs q auroint à faire à bestes, & sourciers & enchanteurs, & deuins, & cõme cy dessus à esté allegué, faux prophetes, & autres, toutes lesquelles sortes de gens n'estoint pour lors pas entre les Israelites: mais Dieu ne laissa pas pourtant de leur en bailler loy pour l'auenir. Car Dieu est un Dieu parfaict, & donne loy parfaicte, & pourtant defend il d'y aiouter ou oster, & ceux qui y aioutent ou ostẽt, & font faire conscience aux hõmes la ou Dieu ne la faict pas, ueulet estre plus grãds & parfaicts que Dieu en son œuure & commandemens : dont il faudra qu'ils en rendẽt à la fin un plus grand conte qu'ils ne cuident.

Ie me deporte maintenant de respondre au long à ceux qui craignans qu'ils ne pourroint autrement persuader aux princes de faire mourir les heretiques, ont osé escripre que les heretiques pechent contre leur conscience, combien qu'ils le niẽt estans obstinés iusques à la mort. Car puis que tels gens sont si hardis, que de se mettre en la place de Dieu, c'est à dire de iuger des cueurs des hommes sans en uoir les œuures, ains en uoyant œuures cõtraires, comm'ainsi soit que Christ nous ait apprins à iuger de l'arbre seulement par le fruict, ie les laisse au iuste iuge, q leur scaura biẽ remesurer de la mesme mesure. Certes si quelcun disoit d'eux, qu'il ont ietté telle sentence contre leur cõsciẽce, combien qu'ils le niẽt, estans obstinés iusques à la mort, il ne leur feroit rien qu'eux mesmes n'ayent faict à autruy. Et uela quant au premier poinct, qui est que les princes peuuent sans pecher, laisser uiure les heretiques,

tiques, uoire quand bien ils seroint soubs la loy de Moyse, ueu que Moyse n'en à faict aucun commandement. Or pensés si soubs Moyse mesme, qui à baillé une loy si seuere, il n'est point commandé de faire mourir un heretique : & si durant tout le temps de la loy, c'est à dire depuis Moyse iusques à Christ, ne se trouue que iamais on ait faict mourir homme pour heresié, que ce doibt estre soubs Christ : & si il feroit beau uoir que la loy, qui doibt finir & finit en Christ, deust or primes soubs Christ estre executée, ne l'ayant onque parauant esté en c'est endroict. Car afin que uous l'entendiés, nous ne sommes pas soubs Moyse, mais soubs Christ: tellemẽt que quand bien Moyse l'auroit commandé, il ne s'ensuiuroit pas que ceux qui sont soubs Christ, le deussent faire pourtant que Moyse l'auroit commandé. Autrement il nous faudroit deuenir Iuifs, & nous faire circõcir, & garder toute la loy. Ceux mesmes qui ont escript liures de ꝑsecucion, & qui y ont esté si diligẽs, qu'ils ont cherché depuis la creacion du monde iusques à leur temps, tout ce qu'il à esté possible, sont neantmoins contreincts de

confesser que nous ne sommes poinct subiects à la loy de Moyse. Et mesme touchant la loy de faire mourir les idolatres, de laquelle ils s'arment si fort, ils n'oseroint, ce croy ie bien, encore dire que no⁹ y soyons subiects, ueu qu'elle commande
Deut. 13. de massacrer une uille en laquelle se trouueroint des idolatres, elle & son bestial, & tout ce qui y est, au trenchāt de l'espee, & amasser tout le butin au milieu de la place de la uille, & mettre à feu & la uille & son butin totallemēt: & que de ce massacre lá rien ne s'en agglue à leurs mains. Vela la loy de punir les idolatres, laquelle si ceux cy ueulent suiure es heretiques, ie m'en esbahi bien fort, & ose bien dire qu'ils sont bien loing de l'esperit de Christ, ueu que celle loy n'espargne ne bestial n'enfans. Et s'ils disent qu'ils en ueulent suiure une partie, & l'autre non, on leur demandera qui leur à baillé priuilege de mipartir une loy: & si ce n'est pas peloter la loy de Dieu, & s'en iouer, en prenāt à leur auantage ce qu'il leur plait, & laissant le reste. Et s'ils disent qu'ils ne ueulent pas suiure la loy de Moyse par autorite, c'est à dire pourtant que c'est la loy de Moyse: mais

mais par raiſon: & qu'ils ne ueulent pas qu'on face mourir un heretique pourtant que Moyſe à commandé qu'on face mourir un faux prophete ou idolatre, mais pource qu'il eſt auſsi bien raiſon de faire mourir un heretique, qu'un faux prophete ou idolatre : ie leur reſpondray que quât à ce qu'ils diſent qu'il faut ſuiure raiſon, ils ont raiſon, & nous nous y accordons. Mais quant à ce qu'ils tiennent que c'eſt auſsi bien raiſon de faire mourir un heretique, qu'un faux prophete ou idolatre: pluſieurs gẽs de raiſon ne s'y accordẽt pas. Sur cela ils ameinẽt leurs raiſons que ſi: & les autres que non : & ſur ce different à eſté beaucoup diſputé tât par liures que par parolles d'un coſté & d'autre. Qu'eſt eſt il de faire, puis que nous ſommes en different lesquelles raiſons ſont les meilleures? & que eſtans parties, nous ne pouuons eſtre les iuges? qui en ſera le iuge? Car il faut ou differer de ietter ſentence, iuſques à tant que le different ſoit uuidé: ou auoir un iuge ſuffiſant, & qui iuge par autorité. De differer ſentence, nous nous y accordons, & ſur cela alleguons

guons la tresraisonable loy des credences mais les persecuteurs ne s'y accordét pas. Venons donques au iuge, & suiuons en cest endroict par raison l'ordonance de Dieu, laquelle est aut Deut. la ou il cõman de ainsi: S'il y à quelque cause trop mal aisée à iuger pour uous, allés uous en au lieu que le Seigneur uostre Dieu aura esleu, trouuer les prestres Leuites, & le gouuerneur qui pour lors sera, & leur demandés qu'ils uous uuident la cause, & faites selon qu'ils uous en auront arresté, & selon la sentence qu'ils uous en ietteront, sans uous en detourner n'a droict n'a gauche. Que si quelcun est tant outre cuidé, qu'il ne ueuille obeir au grãd prestre q sera là pour seruir au Seigneur uostre Dieu, ou au gouuerneur, que le dict hõme meure, & ostés le mal d'entre les Israelites.

Deut. 17.

Deut. 18. Item un peu apres. Le Seigneur uostre Dieu uous dressera un prophete d'entre uous, de uostre parentage, semblable à moy, lequel uous croirés. Et un peu apres. Ie leur dresseray un prophete d'entre leurs freres, semblable à toy, & mettray mes parolles en sa bouche, si leur dira tout ce que ie luy commanderay. Et s'il y à homà homme qui n'obeisse à mes parolles qu'il dira en mon nom, i'en feray punicion.

Vela l'ordonance du Seigneur touchãt les differents difficiles à iuger. Or le lieu duquel il parle, lequel il debuoit eslire, ce fust puis apres la cité de Ierusalem, en laquelle il faloit aller trouuer le grãd prestre ou pontife, pour uuider les differents qui seroint suruenus. Mais maintenãt que nous ne sommes point Israelites selon la chair, ne subiects à la loy de Moyse selon la chair, & n'auons ne Ierusalem ne pontife ou grand prestre selon la chair, il nous faut en nous differés addresser à la Ierusalem celeste & spirituelle, qui est l'Eglise, & au pontife celeste, qui est Christ, tesmoing l'Epistre au Ebrieux: & au prophete duquel parle Moyse, qui est le mesme Christ, tesmoing sainct Estienne, & en faire, sur peine de l'indignacion de Dieu, ce qu'il en determinera. Et pourtant que Christ personnellement n'est plus en terre (car s'il y estoit, il le faudroit aller trouuer) & que nous sommes en un temps de famine de la parolle de Dieu, c'est à dire de prophetes & oracles (car s'il s'en trouuoit, il n'y faudroit qu'aller, & le different Act. 17.

seroit

ſeroit uuidé) ie ne trouue moyen aucun de ſcauoir ſa ſentence, ſi non ou par ſa parolle eſcripte, ou par exemple de ſa uie, ou par la nature de ſon eſperit habitant es ſiens, ou par nouuelle reuelacion. Quant à ſa parolle eſcripte, elle ne dict point qu'on doibue faire mourir un heretique. Bien dict elle en general que ſi quelcun peche (ce qui s'entend autant d'un heretique que d'un autre) il doibue eſtre amoneſté legitimement par pluſieurs fois, & finablement, s'il ne s'amende, excommunié, lequel office appartient à l'Egliſe, & non au magiſtrat. Et particulierement dict elle bien qu'un heretique, apres auoir eſté amoneſté une fois ou deux, doibue eſtre euité. Mais de le faire mourir, elle n'en dit rien. Or eſt ce que Moyſe dict, que le dict prophete (qui eſt Chriſt, comme cy deſſus à eſté allegué) dira tout ce que Dieu luy aura commandé: & toutesfois Chriſt ne dict point qu'on doibue faire mourir les heretiques, donque Dieu ne le luy à pas cõmandé, pour le moins nous n'en trouuons rien en l'eſcripture, à laquelle ſi nous ne nous tenons & croyons, ie croy bien que nous ne croirions pas à luy meſme, quand

quand il parleroit á nous en propre personne: comme dict Abraham au riche, que si ses freres ne croyēt à Moyse & aux prophetes, c'est à dire à leurs escriptures, ils ne croiroint pas mesme à un ressuscité.

Quant á la uie de Christ, nous la uoyons auoir esté tāt debonaire, que d'y chercher exemple pour faire mourir par glaiue un heretique, ce seroit tout ainsi que de chercher en un agneau exemple pour manger un loup. Quant à son esperit qui habite es siens, ils sont tels qu'ils suiuent l'agneau partout ou il ua, & ont apprins de luy, qui est debonaire & humble de cœur. Que si quelcun n'a cest esperit, qu'il se nomme Chrestien tant qu'il uoudra, il est aussi loing de Christ, que les tenebres sont loing de la lumiere. Et de uray les persecuteurs mesmes ne trouuans au noueau testament que toute douceur, toute cōtraire à leur persecution, sont cōtraincts d'auoir leur recours au uieux testament: en quoy ils monstrēt bien qu'ils ne scauēt de quel esperit ils sont, & n'ont point l'esperit de la nouuelle alliance.

Quāt à nouuelle reuelaciō, ceux mesmes q̃ enseignēt à ꝑsecuter les heretiques, ne se

uantent

uantent point de l'auoir, & quand ils s'en uãteroint, il y faudroit penser plus d'une fois, deuant qu'y croire, ueu quelle seroit contraire à la perfexion de la loy tant de Moyse que de Christ. Parquoy pour conclusion, puis que ne Moyse, ne Christ n'ont commandé de faire mourir un heretique, ie di que le magistrat peut en bonne conscience, & sans offenser Dieu, le laisser uiure, & dire ainsi aux Theologiens qui l'y poussent: Monstrés nous la loy par laquelle il nous soit commandé de Dieu: & nous le ferõs. Or icy faut noter un poinct qui à esté touché en la loy cy dessus alleguée, c'est que qui n'obeira au dict pontife, soit mis à mort, selon la dicte loy. Or est ce que les paillars, noiseux, yuroignés, & autres tels, qui ont ouy la doctrine de Christ, & perseuerét neantmoins en leurs œuures de tenebres, desobeissent à Christ: dont il sensuit par la dicte loy qu'ils doibuent estre mis à mort. Que si quelcun replique que ladicte loy parle seulement de ceux qui luy desobeiront en matiere de differens, qu'ils pourroint auoir les uns contre les autres, ie luy respondray que si pour une desobeisance en matiere d'un dif-

different un homme doit mourir, beaucoup plus pour une desobeissance en chose plus grande. Mais mettons le cas que la loy parle seulement des differens, il s'ensuiura pour le moins, que qui hait son frere, & ne luy pardonne, & ne l'ayme, & qui n'appointe auec son aduerse partie, tandis qu'il est en chemin, c'est à dire deuant que uenir au iugement de Dieu, doibue mourir selon celle loy. Il s'ensuiura donc que tous ceux qui font tort à autruy, & pourtant sont en different auec autruy, & ne ueulent appointer auec autruy, selon la doctrine du grand prestre Christ, doibuent estre mis à mort. Il s'ensuiura que quiconque ne uoudra appointer auec Dieu (lequel appointement ne se peut faire, si l'homme ne renonce aux œuures de la chair) doibue estre mis à mort. & par consequent il s'ensuiura que tous ceux qui uiuent selon la chair, doibuent estre mis à mor. Et toutesfois il n'y a celuy qui ne me confesse bien qu'on ne peut faire mourir un homme pour auarice, ou yurognerie, ou ambicion, ou noise, & tels autres pechés, & neantmoins en tels pechés on desobeit au grand prestre Christ: parquoy il sensuit que la mort de laquelle mourront tels desobeissans, doit estre autre que corporelle, c'est a dire doit estre mort spirituelle: tout ainsi que Christ n'est pas pontife corporel, mais spirituel. Tellement que combien qu'un hôme refuse Christ tout plattement, & desobeisse à sa parolle (côme font toutes gens de mauuaise uie, lesquels le confessans de bouche, le renient par œuures, lesquelles œuures sont manifestes, & n'ôt que faire de tesmoings) neantmoins il ne doibt point estre mis a mort par le magistrat (i'excepte cas pendables en matieres ciuiles) ains est reserué à la mort eternelle. Et de telle mort & punicion parloit Christ, quand en enuoyãt ses disciples prescher, il leur disoit, que qui ne les receuroit, seroit plus durement traité au iour du iugemẽt, que ceux de Sodome & Gomorre. Or notons bien ce poinct: car il est de grandissime importance, & en luy gist le neud de la questiõ, & pleust à Dieu que ie le peusse escrire d'ũ tel encre, que chacun l'imprimast bien en son cœur: nostre differẽt seroit incontinãt uuidé. Notons dy-ie, que combien qu'un hôme ne recoiue point Christ, & ne ueuille estre Chrestien (comme de fait ne le ueulent estre tous ceux qui ne ueulent renonnoncer à euxmesmes, & crucifier leur chair auec ses conuoitises) neantmoins il ne peut pour cela estre mis à mort par le magistrat. Que si un auaricieux, un glorieux, un gourmand ou yurogne, qui de fait, & par toute sa uie & œures renonce Christ, neantmoins ne peut (s'il n'a commis crime ciuil) estre mis a mort par le magistrat, ie di que ni un heretique aussi. car au pis aller, il n'a que renoncé à Christ, de fait & œuures. Que si on me replique qu'un auaricieux, ou yurogne, ou glorieux au moins confesse Christ de bouche, ie pourray bien respondre que aussi fait un heretique, mais ne l'un ne l'autre n'en uaut que pis. car en cela il est feintif & hypocrite, & uaudroit mieux que puis que de fait il renonce Christ, il le renōcast aussi de bouche, pour le moins il ne seroit point hypocrite, & ne seduiriot nulli par son faux semblāt. Parquoy pour conclusion ie dy qu'un heretique ne doit nō plus estre mis a mort, qu ū auaricieux, ou yurogne, ou glorieux.

Des inconueniens.

Ie uien maintenant à parler des inconueniés qui pourroint, ce semble, suruenir, ſi on laiſſoit uiure les heretiques, leſquels inconuueniens pourroint eſtre deux. Le premier, troubles eſt ſedicions: le ſecond fauſſe doctrine que les heretiques pourroint ſemer. Surquoy ie reſpond, premierement quant aux ſedicions, que les fols cauſent le mal qu'ils cuident euiter. Car les ſedicions uiennent pluſtoſt de ce qu'ō ueut forcer & tuer les heretiques, que de les laiſſer uiure ſans les coutraindre, car tyrannie engendre ſedicion. Et qu'ainſi ſoit, il n'eſt ia beſoing pour le preſent d'alleguer exemples uieux & loingtains, ueu que tu en portes auiourdhuy l'exemple plus qu'euident dedans ton giron, ô France. Car il eſt certain que la ſedicion qui te tormēte, eſt uenue de ce qu'on a tyranniſé & perſecuté ceux qu'ō tient pour heretiques. Que ſi on ne les euſt tyrāniſés, peut eſtre qu'ils ne ſe fuſſent pas reuoltés, ou ſi au pis aller ilz ſe fuſſent reuoltés, il ne te fuſt pas auenu pis qu'il eſt auenu: & alors les princes euſſēt eu plus iuſte cauſe de repouſſer force par force, nō a cauſe de la religiō mais de la ſediciō: & Dieu qui dōne uictoire à qui il luy plaiſt, leur euſt plus fauoriſé qu'il ne fait: là ou maintenāt ilz ſont en danger d'eſtre en ſa male grace. Ie me

tay

tay qu'il uaudroit mieux eſtre en danger de ſediciō auenir, que uſer de tyrānie preſente. d'autāt que tyrānie eſt un mal plus grand & certain & preſent, qui tue & l'ame du tyran, & les corps, & quelque fois les ames auſsi dés tyranniſés. comme ainſi ſoit que ſedicion ſoit un mal qui poſsible n'aduiendra pas: & s'il aduient, pourra eſtre repouſſé: ou au pis aller, ne nuira qu'aux corps.

Quant a la fauſſe doctrine que pourroint ſemer les heretiques, ie cōfeſſe bien que c'eſt un inconuenient, auquel il ſeroit bon de remedier Mais il faut (comme ie uien de dire touchant le poinct de ſedicion) auiſer que le remede ne ſoit pire & plus dommageable au paciēt, que le mal auquel on ueut remedier. Or eſt ce que le remede duquel on uſe, c'eſt aſcauoir de tyrāniſer & meurtrir les heretiques, eſt beaucoup pire & plus nuiſant, que la maladie. Car premierement on ne fait que les agacer & eſchauffer, tellemēt qu'ilz ſont plus zeleux a enſeigner, qu'ilz ne ſeroint autrement. Dauantage quāt le monde les uoit ſi conſtans es martyres, il uient a croire qu'ilz ſoyent gens de bien, dont pluſieurs ſe mettent de leur partie, tellement que pour un uous en faites quelq; fois sept. & uoila l'issue de uostre folle sagesse. D'auantage le plus souuent il aduient qu'au lieu de persecuter un heretique, on persecute par erreur un Chrestien. Ce que Christ a bien predit, quand il dist a ses disciples que quiconque les feroit mourir, cuideroit faire seruice à Dieu. Cela uoyons nous estre tousiours auenu depuis le temps de Christ iusques au nostre. Car premierement Christ & ses Apostres & disciples furent persecutés & meurtris comme heretiques, puis apres aux martyrs en fut fait autant. Et depuis s'il ya eu quelques simples & urais Chrestiens, ils ont esté tousiours persecutés comme hereriques. Et en nostre temps nous qui auons paré & orné les sepulcres des martyrs occis par nos peres, ie crain fort que n'ayons ensuiui nos peres, & fait des nouueaux martyrs, qui serōt honorés de nos enfans. Car le plus souuēt la uerité est publiquement plustost passée que cogneue: & nous ne sommes ne plus heureux, ne mieux uoyans en cest endroit, qu'ont esté nos ancestres. Tellement que s'ils ont failli en cest endroit (ce que nous sommes contraincts de confesser) nous nous de-

uons

uons garder de tomber en leur folie & aueuglance. Or eſt ce mal ſi grand, que qui ne craint d'y tomber, monſtre bien qu'il eſt un grand fol, puis qu'il meſpriſe ainſi le ſage auertiſſement de Chriſt. Et de tels fols parle le ſage Salomon, quand il dit, Vn ſage craint & ſe recule du mal: & un fol tire auant hardiment, Vn ſage homme choiſit touſiours de deux maux le moindre, s'il ne les peut euiter tous deux. Vn ſage medecin ayme mieux laiſſer eſter la maledie, que de tuer le malade. Vn ſage laboureur aime mieux laiſſer croiſtre les mauuaiſes herbes auec le blé, que de en arrachant les mauuaiſes herbes, arracher le blé quãt & quant. Ieſus Chriſt, qui eſt le ſage medecin & laboureur, le uoyoit bien en la parabole des zizanies, c'eſt a dire mauuaiſes herbes. Car ſoit que en celle perabole il parle des heretiques, ſoit que non (ce que ie dy a cauſe qu'on en debat) tant y a que le cas eſt ſemblable: & quand biẽ Chriſt n'en auroit point parlé, un qui en parleroit en ceſte ſorte, ne diroit que la uerité, c'eſt que comme ſi un laboureur faiſoit une ordonnance à ſes ſeruiteurs, qu'ils deuſſent arracher les mauuaiſes herbes de parmi le blé, il fe-

Prou. 14.

roit folement (combien que les mauuaises herbes nuisent, & seroit a souhaiter qu'elles fussent arrachées) & seroit cause d'arracher le bon blé: ainsi un theologien qui fait une ordonnãce qu'on doibue faire mourir les heretiques, fait folement (combien que les heretiques nuisent, & seroit à souhaiter qu'ils fussent ostés) & est cause de faire mourir les Chrestiẽs. l'experience (comme cy dessus a esté allegué) en est plus que manifeste. & i'en prens en tesmoings ceux mesmes qui ont escript les liures qu'on doiue faire mourir les heretiques, lesquelz se tenans pour Chrestiens, confessent qu'ilz sont persecutés & meurtris comme heretiques: ce qui n'auiendroit, si selon la susdite parabole on craignoit d'arracher le blé auec la zizanie. Brief comme ainsi soit que la Chrestiente soit auiourdhuy pleine de tant de sectes, qu'il faudroit estre bien scauant pour les scauoir nõbrer, desquelles sectes chacune se tient pour Chrestienne, & les autres pour heretiques, si nous receuons la loy de persecution d'heretiques, nous receuons une guerre Madianitique, & ne ferons que nous ronger & manger les uns les autres, iusques a tant que comme dit

sainct

ſainct Paul, nous nous conſumions les uns les autres, qui eſt un inconueniét ſans comparaiſon plus grand que l'autre. Sur ce poinct quelcun me dira. Veus tu donc que l'on laiſſe faire & dire aux heretiques tout ce qu'il leur plaira, ſans leur faire aucune reſiſtẽce? Nanni certainemẽt, ie ne le ueux pas: mais mon intencion eſt qu'on leur reſiſte par bon & cõuenable moyen, & comme leur ont autrefois reſiſté les ſages & gens de Dieu. Car ie uous demande comment reſiſta Ieſu Chriſt aux Phariſiens & Sadduciens? & les Apoſtres comment reſiſterent ils à Simon magicien, & à Barieſus & autres? ne fut ce pas par parolles diuines & uertueuſes, ſans mettre la main à l'eſpée, & ſans y inciter perſonne publique ne particuliere? Car ilz eſtoint ſages gendarmes, qui ſcauoint mener la guerre ſpirituelle par armes ſpirituelles. Dont ceux qui font autrement, c'eſt a dire qui uſent de uiolẽce, monſtrẽt bien qu'ilz ne ſont pas leurs imitateurs.

Les moyens de reſiſter aux heretiques.

Donques le moyen ſeroit de combatre cõtre les heretiques par parolle de uerité, laquelle eſt touſiours plus puiſſãte que parolle de menſonge. Que ſi eſtans cõuaineus par uerité, & par plusieurs fois legitimement amonestés, ils demeurent neant moins en leur opiniastrise, qu'on les excõ munie: uoila la droite punició des heretiques. Que si estãs excõmuniés ils ne cessent pourrãt pas d'enseigner, qu'on defen de au peuple de les escouter. & si quelcun les escoute neantmoins, qu'il soit luymes me amonesté, & à la fin s'il perseuere, tenu pour desobeissant. Voila cõment on peut contregarder l'eglise cõtre les heretiques: & qu'ainsi soit, nous uoyons que outre ce que les Apostres iadis contregarderent ainsi la leur, mesmes auiourdhuy en Alemaigne ceux qu'on appelle Anabaptistes (lesquels sont, ce me semble, en des erreurs, uoire bien grandes) entretiennent neantmoins leur eglise par tel moyẽ, sans aide quelcõq; de magistrat ou glaiue, tellement que tous les plus scauans theologiens ne peuuent diuertir leur peuple. Que si eux estans en erreur, maintiennet neantmoins leur eglise par la seule parolle contre tous docteurs, cõbien plus pourront les urais docteurs, armés de la toutpuissante parolle de Christ, qui leur a promis bouche & sagesse a laquelle nul ne pourra resister, manitenir la uraye Eglise

contre

contre toute fauſſe doctrine? Que ſi puis apres les heretiques uiennēt a uſer de force,& emouuoir ſedicion, alors les princes & magiſtrats feront leur deuoir de maintenir par armes leurs ſubiects, deſquels pour ceſte cauſe ils recoiuēt tributs & gabelles. Le Turc maintient bien les Chreſtiens & Iuifs ſes ſubietz cōtre la uiolence qui leur pourroit eſtre faite, & les maintient non a cauſe de leur religion, laquelle il a en dedain, mais a cauſe qu'ilz ſont ſes ſubiectz. Le meſme font les princes Chreſtiens aux Iuifs. Ainſi pourront ilz maintenir leurs ſubiects quels qu'ilz ſoyent, contre toute uiolence qui leur pour pourroit eſtre faite. Voyla les droits moyens de reſiſter aux heretiques par parolle, s'ilz n'uſent que de parolle: & par glaiue, s'ils uſent de glaiue. Que ſi par erreur il auenoit (comme bien ſouuent il auiēt) qu'un qui ne ſeroit pas heretique uint à eſtre excommunié cōme heretiq;, ceſt inconueniēt feroit beaucoup moins dōmageable, que ſi par le meſme erreur on le faiſoit mourir. Car excōmunicaciō iniuſte ne fait que nuire au corps, uoire quelquefois ne luy nuit point: & peut bien eſtre reuoquée, mais mort eſt un mal irremediable.

Somme

Somme.

Donques pour uenir au poinct, & mettre fin à mon propos, i'ay monstré que la cause de ton mal, ô France, est forcement de consciences: & que les remedes qu'on y cherche tant d'un costé que d'autre, sont faux, & pour engreger, non guarir la maladie, ioint qu'ils sont contre Dieu & raison, sans commandement de Dieu, sans exemple autentique, procedans seulemēt d'une bōne intencion, cōiointe auec ignorēce de uerité, & desplaisante à Dieu. I'ay monstré d'auantage que la cōscience que font les princes, poussés par leurs enseigneurs, de laisser uiure les heretiques, ne est pas selon Dieu, & qu'ilz peuuent en bonne conscience & sans peché les laisser uiure: & outreplus que cela ameine sans cōparaison beaucoup moins d'incōuenient & dommage, qne de faire autrement.

Conclusion & conseil.

Parquoy tout bien consideré & examiné, le conseil que ie te dōne ô France, c'est le mesme qui t'estoit auant donné par le liuret que cy dessus i'ay allegué, & lequel si tu eusses suiui, tu eusses écheué la mort chetiue de maint milliers de tes enfans, laquelle t'auoit sagement esté predite par

ledit

ledit liuret: c'est que tu cesses de forcer cō-
sciences, & de persecuter, ie me tay de tuer un homme pour sa foy: ains permettes
qu'en ton pays il soit loisible à ceux qui
croyent en Christ, & recoiuent le uieux &
nouueau testament, de seruir Dieu selon
la foy non d'autruy, mais la leur. Que si tu
fais ainsi, il y a esperance que le Dieu de
misericorde aura pitié de toy, & trouueras qu'autant que par cy deuant faux conseil & faux remede t'a esté dommageable,
autant te sera desormais uray conseil &
uray remede profitable.

Auertissement aux prescheurs.

Et pourtant que bon conseil ne sert de
rien au peuple, si ses gouuerneurs ne s'y
accordent, & que les gouuerneurs ne s'y
peuuent accorder, tandis qu'ils sont mal
enseignés par ceux desquels ils suiuent la
doctrine, ie uous conseille, ô prescheurs
& enseigneurs, tant d'une part que d'autre, que uous y pensiés meuremēt, & ayés
souuenance du dire de l'enseigneur celeste, qui dit, Bienheureux sont les pacifiques, car ilz serōt appellés enfās de Dieu.
dont on peut bien entendre par le cōtraire, que malheureux sont les boutefeux,
qui ayment & allument guerre: car ils seront

ront appellés enfans du diable. Ne pensés pas que ce soit petit eclandre, & peché, que d'inciter les princes & peuples a guerre. Pensés au dire du prophete Ieremie, qui appelle les prophetes meurtriers, pour auoir mal enseigné le peu-
Dan. 4. ple. Les rois de la terre (dit-il) ne tous les habitans du mõde, n'eussent pas creu que les aduairsaires & ennemis deussent entrer par les portes de Ierusalem a cause des forfaicts de ses prophetes, & des fautes de ses prestres, qui ont parmi elle espandu le sang des innocens: allans cà & là tous aueugles parmi les rues, tellemét ueautrés en sang, qu'on n'eust sceu toucher leurs habillemés. Retirés uous, souillés (ce leur crioint ilz) retirés uous, retirés uous, n'y touchés. Voila cõment ilz alloint tencant ca & la, disans qu'ilz ne demeureroint desormais plus en pais estrange. Voila les parolles de Ieremie, par lesquelles il appelle manifestemét aueugles & meurtriers du peuple innocét, & ueautrés en sang, les prophetes & prestres qui auoint nõ pas tué de leurs propres mains les innocés, mais seulemét par leur fausse doctrine, esté cause de leur mort. Car ilz auoint enseigné le peuple qu'ils ne deust
crain-

craindre les Babyloniens. & que Dieu le garderoit de leur tyrannie & subiection. Dont le peuple s'y fiãt, s'estoit rebellé contre les Babyloniēs, de laquelle rebelliō estant offensé le roy de Babylone, auoit assiegé & prins, & ainsi miserablement traité & meurtri le peuple. De celle tuerie, dije, Ieremie accuse les prophetes & prestres, a cause que par leur fausse doctrine ilz en auoint esté cause. Or cōsiderés combiē plus auiourdhuy serōt en Frãce à bon droit appellés meurtriers les prescheurs & enseigneurs, qui expressemēt incitēt le peuple aux armes, ie me tay de ceux qui y mettēt euxmesmes les mains, & se treuuēt les sin premiers au choc? Ie ne parle pas de tous: car tous ne sōt pas tels. Ie parle des Ananies qui en rendrōt cōte, & desquels pleust à Dieu que le nombre ne fust pas plus grand que dés Ieremies, & qu'ils n'eussent pas plus de credit uers le peuple & les princes.

Aux princes.

Semblablement uous, ô Princes & Capitaines, soyés sages, & suiués plustost la doctrine des pacifiques, que des autres, de peur que si uous, estans aueugles, suiués des aueugles, uous ne tombiés auec uos guides en la fosse de perdicion, de laquelle [illegible] er ceux qui nous y auront fait trebucher.

Aux gens priués.

Et uous gens priués, qui n'estes n'enseigneurs ne seigneurs, ne soyés pas si prõpts a suiure ceux qui uous poussent a mettre la main aux armes, pour tuer uos freres, & ne gaigner autre chose que la male grace de Dieu. Car certainemẽt en cest endroit ceux qui uous cõduisent, uous seduisent, & uous font faire des coups, desquels il faudra uoiremẽt qu'ils rendent cõte pour uous, mais uous n'en serés pas pourtant quittes. Car & celuy qui dõne mauuais cõseil, & celuy qui le suit, serõt tous deux punis. Le Seigneur uous doint a tous la grace de reuenir en uostre bon sens plustost tard que iamais, que s'il se fait, i'en loueray le Seigneur: s'il ne se fait, pour le moins i'auray fait mon deuoir, & espere que au moins quelcun particulier apprẽdra quelque chose, & cognoistra que i'ay dit uerité, qui sera cause, quand bien il n'en y auroit qu'un, que ie n'auray pas perdu ma peine.

Faict l'an 1562, le mois d'Octobre.

LA FIN.

www.ingramcontent.com/pod-product-compliance
Lightning Source LLC
LaVergne TN
LVHW020348230826
846091LV00003B/1040

* 9 7 8 2 0 1 1 9 1 1 8 7 2 *